ひとたび てつたび

米屋こうじ

Asia Rail Life 2

ころから

アジアからのお裾分け

「いちばんおいしかった食事はなんですか？」

長年アジアを旅してきたと話すと、多くの人にこう質問される。

飛行機チケットは、せっせと貯めたマイルで購入し、訪れた先ではホテルとも呼べないような商人宿を泊まり歩いているので、高級なレストランにもあまり縁がない。そもそも「おいしい」の基準も人により違うだろうから、この質問には少し戸惑ってしまう。

しかしながら、思い起こせば、確かに忘れられない「味」がある。そのひとつがインドの炊き込みご飯「ビリヤニ」だ。

インドで初めて乗った列車は、バンガロール始発のローカル列車だった。エアコンのない普通車で二組の家族と相席になった。彼らは他人同士だったが、昔から知り合いだったかのように会話が弾み、和気あいあいとした雰囲気に包まれていた。

やがてランチタイムになり、車内にスパイシーな香りが広がった。小麦粉を薄く焼いたチャパティやサラダと思しき料理が、カレーと一緒に、何段にも重ねられたステンレス缶の弁当箱から、魔法のように取り出された。

目の前で繰り広げられた食事の様子を眺めていると、不意にライスの盛られた紙皿を手渡された。それが「ビリヤニ」だった。インド式に手づかみで頬張ると、スパイスの香りに加え、米に独特の旨みが染みこんだ味わいが絶妙で、「あなたたちは、いつもこんなおいしいものを食べているのですか！」と、心のなかで叫んでしまうほど劇的な味だった。

また、ミャンマーの列車で向いに座った女性から貰った野性味あふれるライチの味、ベトナムの大学生がローカル列車の中で差し出してくれた（少しぬるい）ビールの味も忘れられない。

こんなふうに、アジア各国を列車で旅しながら、しばしば地元の人に「お裾分け」を貰ってきた。それは、ご飯や果物などの食べ物ばかりではない。知らないうちに「人とのつながり」までも同時にお裾分けしてもらっていたのだ。

◉

これは、カメラ片手に鉄道を乗り継いで、一三の国や地域をめぐってきた記録である。

言葉が通じなくとも、その国の料理を食べれば、その国の文化に触れることができる。それと同様、ローカル列車に乗り、地元の人々とふれ合うことで、その土地で営まれる暮らしの片鱗に触れることができる……というのがアジアの旅に求めた僕の真情だ。

この本を介して、アジアのローカル列車から垣間見た人びとの魅力を、お裾分けのように伝えられたらうれしい。

二〇一七年凱風　米屋こうじ

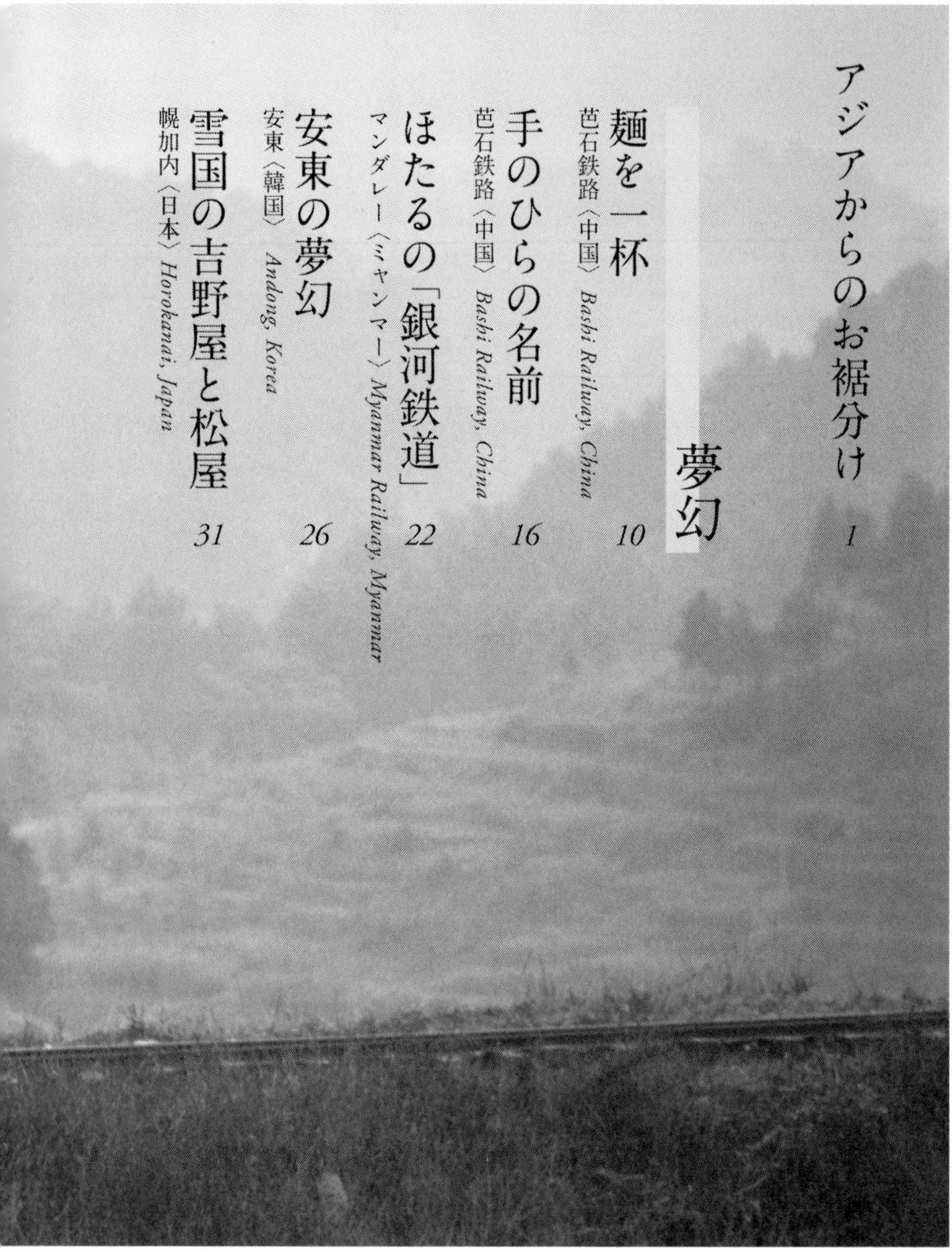

点描

風街

昔日

夢幻

麺を一杯

芭石鉄路〈中国〉 *Bashi Railway, China 2004*

夜遅くから降り始めた雨音を、夢うつつの枕元でずっと聞いていた。そぼ降る雨は、この山峡の集落の静粛をいっそう深めているようだった。芭石《ばせき》鉄路の終点にも近い芭溝《ばこう》。沿線でも大きな集落ではあるが、泊れる宿は小さな商人宿が二、三軒ほど。そのうちの一軒、駅前の小さな商人宿に投宿した。通された部屋は、駅へと続く階段状の路地に面していた。静かな夜、ベッドに潜り込むと、通り過ぎる人々の足音が「コツ、コツ…」と耳に届いた。

深い谷あいに佇む芭溝には、クルマが通行できるような道路が通じていない。夜ともなれば静寂に呑み込まれた。

その夜もまた雨が降っていた。唐代の文学者である柳宗元が四川省の天気の悪さを「蜀犬《しょっけん》日《ひ》に吠《ほ》ゆ」と表現したが、その言葉を実証するように、芭溝に来てから太陽の姿を一度も見ることがなかった。

枕元で聞く雨音が、夢と現実との境界線を消失させるように、暗い部屋を支配していた。静寂が打ち破られたのは、夜も明けきらない午前5時30分頃。

ドンドン！……ドンドンドン！

部屋の赤く塗られたドアを、何者かが激しくノックしているのだ。僕は慌てて、少

し湿っぽい布団を剥いで飛び起きた。

「こんな時間にいったい誰が…」

部屋の電灯をつける前に、ある不吉な話が頭の中を駆け巡った。

それはかなり以前、この芭石鉄路を撮影に訪れた日本人が、不審者と思われて公安警察に通報されたという話だ。

ここ芭石鉄路の周辺は、今でこそ旅行者も自由に行動できるが、以前は外国人が不審者扱いされるほど閉ざされた場所だった。その手記によると、公安は寝入りばなに突如として部屋に押し入ってきたという。

最悪の事態も想像しながら扉に近づくと、扉の向こうから李さんの声が聞こえた。この宿に着いて以来、「李爺さん」と心の中で呼んでいた、この宿の主人である。

部屋のあかりをつけて扉を開けると、李爺さんの眩しそうな顔が見えた。その顔を見て一気に緊張が解けた。

李爺さんは白磁の丼を両手に持ち、部屋の入口に立っていた。そして僕の顔を見るなり、少し不機嫌そうな表情で何かまくし立てた後、手に持った丼を僕に差し出した。

丼の中には、この地で日常的に食べられている、米粉で作った白い麺が盛られていた。丼から上がった湯気が、裸電球のほのかな灯に照らされ、ゆらゆらと立ち昇った。

差し出されるがまま熱い丼を受け取ると、李爺さんはなおも空いた手で大きくジェスチャーを加えながら、僕に小言を言うのである。

そのジェスチャー交じりの手は、時計を指差したり腹部を押さえたりしている。

不思議なことに、こんな時は、相手の話そうとしていることがおおよそ理解できるものである。

「これから帰るんだろう。ちゃんと朝メシを食べて行きなさい！」

どうも李爺さんは、そう言いたかったようである。

彼は僕が朝一番の列車で帰るものと勘違いしていたらしい。山を下りる朝の一番列車は芭溝駅を6時30分に出発する。

李爺さんはまだ暗いうちからお湯を沸かして麺を茹で、宿を発つ僕のために朝食を作ってくれていたのである。

この地の炊事の燃料が石炭であることを考えると、その労には全く頭が下る。ガスや灯油と違って石炭はすぐに点火できるシロモノではない。

思い返せば、前日の夕食後に「明天我去《明日行く》」と紙に書いて伝えてあった。宿代の支払いも済ませていた。しかし、詳しい出発時間までは伝えていなかったのである。

「10点20分（10時20分）」

机の上にあった紙に、実際に帰る列車の時間を書いて見せると、李爺さんの表情は急に穏やかなものに変わった。そして、少しバツが悪そうに照れ笑いした。僕も一緒に笑った。

李爺さんが勘違いするのも無理はない。僕は撮影をするために、毎朝、食事もとらずに宿を抜け出し、朝一番の列車に乗り込んでいたのだ。そして一日中沿線を歩き廻り、夕飯時に宿に戻るという毎日の繰り返しだった。

出発時刻を告げていなかったので「今日も6時30分で発つだろう」と思われていても仕方がない。

部屋に入り、熱い麺をすすりながら思った。

「中国語が喋れないのに通訳もガイドも付けず、突然一人で転がり込んで来た日本人の僕を、李爺さんはどう思っていたのだろうか」、もしかしたら、こちらが思いもしないような心配をかけていたのではないだろうか……。

たった三泊とはいえ、ちょっと頑固そうだけど実は優しい李爺さんと、ひたすら明るいお婆さんの家に転がり込んだ僕は〝ほんの一瞬の居候〟だったのかも知れない。そう思うと、居候の僕を気遣う気持ちが、一杯の麺から伝わってきて胸が熱くなった。

出立の時になり、朝食代を支払おうとしたら李爺さんは「とんでない」という様子で全く受け取らなかった。僕は山を下りる列車のなかで「もう一度ここに来よう」と思っていた。

手のひらの名前

芭石鉄路〈中国〉*Bashi Railway, China 2004*

芭石《ばせき》鉄路の沿線は道路が整備されておらず、線路がそのまま人々の通り道になっていた。まくら木が並ぶデコボコの軌道上を、歩行者はもちろん、時々オートバイも通る。沿線にはトンネルが数カ所あるが、トンネル内には照明がなく、オートバイも人も真っ暗闇のなかを通り抜けることになり、かなりスリリングだ。

芭石鉄路を走る旅客列車は日にわずか四往復のみ。加えて石炭を積んだ貨物列車も運行されている。しかし、列車を牽引する蒸気機関車の速度が遅いこと、また、走行音が山々に響き、遠くからでも接近するのが分かることで、大きな危険はなさそうだ。

道路としても使われる「線路」の上は、日中は畑仕事に出る人々や、本当は規則違反というオートバイ、自家製の台車がのんびりと通るだけだが、午後遅くなると、学校帰りの子供たちで賑わいをみせる。沿線にある芭溝鎮《ばこうちん》中心小学校の子供たちの通学路になっているのだ。

赤、黄色、青など、カラフルな服を着た子供たちが、列を成して三々五々に帰宅してゆく。授業が終わった開放感からだろうか、友達同士で話したり、時には騒いだり、寄り道しながら行ったり来たり。そんな様子を遠目に眺めると、深緑のなかをひらひらと舞う小さな蝶々のようで可愛らしい。

朝から数えて三往復目の定期列車は、子供達が下校する夕方の四時頃に麓からやって来る。適当な撮影場所を探して線路を歩くと、しばしば学校帰りの子供達に出会った。カメラを肩からぶら下げた僕の姿を見つけては、英語で「ハロー！」などと人懐っこく言ってくる子供も居る。

ある時には、引率の先生のように、大勢の子供をゾロゾロと引き連れて歩いたこともあった。素朴な表情に惹かれて、カメラを向けると興味津々な視線が帰ってきた。みな一様にカメラのファインダーを覗きたがったので、「ハイ、順番ね！」と言って列に並ばせて、望遠レンズの付いた一眼レフカメラのファインダーを覗かせてあげた。また、シッカリとしていそうな女の子にコンパクト・デジタルカメラを渡せば、嬉々とした表情で目が輝き、周りの友達をパチパチ写し出した。「写真を撮るというのは、本来楽しいものなんだ」と教えられた。

そうこうしながらも、一人、また一人線路から家へ向かう小道に分かれてゆく。やがて一緒に歩く子供も次第に減り、最後に残った三年生くらいの男の子と二人きりになった。

お互い言葉は通じないが、横顔を見ると大いに照れている様子だった。彼が小道へ分かれる時に「再見《ツァイチェン》」と言いながら握手した。すると分かれた後、時々こちらを振り返り、振り返りしながら大きく手を振ってくれた。

また別の日、線路際にある小さな雑貨屋の店先で遊ぶ女の子たちと出会った。小学校四、五年生くらいだろうか。

持参した「旅の指さし会話帳」と、筆談を駆使しながら遊んでいると、名前を教え合うことになった。彼女たちが最初に名前を教えてくれたが、抑揚の大きい中国語がうまく聞き取れない。そこで持参のノートに名前を書いてもらうことにした。

我叫《ウァチャオ》　代広玉《タイグァンユー》
我叫《ウァチャオ》　周麗萍《スォリーピン》

書いて貰った名前の横に、小柄で人懐っこい広玉ちゃん、聡明そうな麗萍ちゃんと日本語でメモした。

すると「你叫什么名字《あなたのなまえは》？」と聞かれ、今度は僕が答える番になった。お安い御用とばかりに、ノートに自分の名前を書こうとした。すると広玉ちゃんが、首を横に振りながら僕のヒザの上に手のひらを突き出してきた。どうやら「手のひらに書いて」と言っているようだ。

どうして紙ではなく、手のひらに書いて欲しかったのかは分からない。しかし、頑なにそうして欲しいというので、筆談で使っていたボールペンで手のひらに名前を書いてあげた。

書き終えると、まるで特別なものでも貰ったように嬉しそうな表情をうかべ、「ミィ、ウー、ハオ、アール」と僕の名前を中国語で呼んだ。自分の名前がここまで他人に喜ばれるのなら、幾らでも書いてあげていい。素直に嬉しかった。

その旅から帰国し、半年ほど経過したある日、一通のメールが届いた。

メールの送り主は、すでに何度も芭石鉄路を訪問している先輩で、再び芭石鉄路の菜子坝《ツァイツバ》駅へ行って来たのだという。


米屋様　ご無沙汰しています。

先日、芭石に行ってきました。

菜子坝の衛生院（病院）でボーっとしていたとき、学校帰りの小学生が私のところに来て、手のひらに「米屋浩二」と書いて、「知っているか?」と聞かれました。

「知っている」と答えたら喜んで、「今度いつ来る?」と聞かれました。

「分からない、でも、伝えておく」といって別れました。

証拠写真を添付します。


メールに添付された写真を開くと、懐かしさがこみ上げてきた。

写真に写っていたのは、あの時、手のひらに名前を書いた広玉ちゃんだったのだ。

その手のひらには黒いペンで「米屋浩二」と、小学生らしいかわいい文字で書かれていた。

日本から三〇〇〇キロも離れた四川省の山里で、僕の名前を覚えてくれている少女のことを思った。ボールペンのペン先でなぞった、広玉ちゃんの小さな柔らかい手のひらの感触が思い出された。

ほたるの「銀河鉄道」

マンダレー〈ミャンマー〉*Myanmar Railway, Myanmar 2001*

アジアの列車では「同じボックス席にどんな人が座るのか」がいつも楽しみだ。ローカル列車であればあるほど、まるでその土地を身に写したような風貌の人々が乗り込んでは目の前に座る。列車に乗るだけで、労せずしてその風土に触れることができるのだ。

ミャンマー最大都市のヤンゴンから、中部にある第二の都市マンダレーへ向う列車に乗った時のこと。ほぼ中間地点のピュンタザという駅から、二〇歳前後の姉妹が乗車して同じボックスに相席となった。窓側に居た僕の正面には、妹と思われる女性が座った。目鼻立ちが美しい顔の頬にはタナカが塗られていた。これはタナカと呼ばれる植物の木片をすりつぶしたもので、化粧品としてだけでなく、日焼け止めの効果もあるとされる。ミャンマーでは女性だけでなく子供にも使用し、頬や腕にタナカの塗られた女性や子供の風貌は、この国独特の表情を見せてくれる。

姉妹は大きな緑色の葉の包みを抱えていたが、座席に腰掛けると包みをおもむろに広げた。中には小枝がついたままのライチが入っていた。

そんな様子を眺めていると、姉妹はそれを自分たちが食べる前に、周囲に座った人々に「いかがですか?」という感じで勧めた。僕も向かいの妹から一房のライチを貰い頬張った。シッカリとした噛みごたえのある白い果肉からは、芳醇ながら上品な甘味が口いっぱいにひろがった。ミャンマー女性の奥ゆかしさを感じる出来事だった。

やがてライチ姉妹も下車してしまった。おそらく南国でしかお目にかかれない真っ赤な太陽が、低い山の端に沈んでいった。

列車は定刻よりも三時間近く遅延していた。僕は途中のバゴーという駅から乗ったが、バゴー到着の時点ですでに一時間ほど遅延しており、遅れが増幅しているようだ。

そろそろマンダレーに着くのではないかと思い、時計を見ると、一七時間以上もこの座席に座っていることに気づいた。ビニール貼りのシートに根っこが生えそうだ。窓の外は真っ暗で、民家の明かりさえも見当たらない。乗客もまばらで次第に退屈になってきた。

「どんな所を走っているのだろうか」

退屈凌ぎに窓から身をのり出して、やや涼しくなった夜の風を受けながら暗闇を見つめた。例え暗くとも、目が慣れれば、おおよその地形は把握できると思った。

その時、窓の外を流れ星がかすめたような気がした。青白い光の点滅が列車の後方に飛び去ったのだ。それはチカチカと点滅するネオンのようにも見えた。

だが、こんな人家も見当たらない暗闇の中に、ネオンがあるなんて考えられない。そう思って目を凝らすと、その正体が判明した。

青白い光の正体はホタルだった。多くのホタルが闇に乱舞していたのだ。

数百・数千はいるだろうか、微かな光の点滅が集合し、光の海を作り出していた。列車はホタルの海原をかき分けるように進んでいった。

どうやら列車は水田地帯を走っているらしい。ホタルの群れが作る光は、誰に見られることもなく、密かに小さな銀河を形成していた。マンダレー行き、三時間遅れの「鈍足列車」は、しばらくの間「銀河鉄道」を走っていった。

「マンダレーだ！」の言葉と共に、不意に肩を叩かれた。

振り向くと隣の席のおじさんが嬉しそうな表情を浮かべており、急に現実に引き戻された。

もう一度窓の外に目を移すと、いつの間にか線路には道路が寄り添い、クルマやバイクのライトが輝いている。列車はホタルの銀河を離れ、人々の生活が作る光の海のなかへ進入し、やがてゆっくりとマンダレー駅に到着した。

安東の夢幻

安東〈韓国〉 *Andong, Korea 2001*

それは、いつか見た「夢のなかの風景」だった。

低い丘の斜面をジグザグに上る狭い路地を、なぜか僕は歩いている。

路地の両側には、軒を寄せ合うように古びた平屋の家屋が並ぶ。

夕暮れの光が鈍く反射し、風景はまるで色彩を失ったようなモノトーンに包まれている。

やがて家並みは途切れ、冬枯れた雑木林の淋しい山のなかへ、小道は緩やかにカーブしながら続いていた。

「この道は何処へ続いているのだろう?」

この先進むべきか、それとも戻るべきか思案しているところで夢から覚めた。

リアリティーに満ちたその夢は、いつまでも記憶に残っていた。

韓国の慶尚北道に安東《アンドン》という町がある。その日はすでに隣町の栄州《ヨンジュ》に宿をとっていたが、「安東で夕食をとって再び宿に戻って来る」という軽い気持ちで、安東方面への列車に乗った。

栄州から峠をひとつ越えて約四〇分。列車は夕暮れの安東駅に到着しようと速度を落とした。

その時だった。列車の車窓に見えた風景に目を奪われた。

低い丘の斜面に古びた民家が連なっているだけの、何の変哲もない風景だったが、不思議と心に迫ってきたのだ。

列車を降りて改札を抜けると、まるで磁石にでも引き寄せられるかのように、丘のある方向へ歩いていた。

明かりの灯り始めた商店街を通り抜け、薄暮のなかで子どもたちが遊ぶ小学校脇の坂道を右に曲がると、そこには路地への小さな入口があった。

吸い込まれるように路地に入って歩き出すと、次第に感情が高ぶってくるのを覚えた。いつか見た「夢のなかの風景」と同じだったのである。

日が暮れた後のモノトーンの光。路地の両側に建つ平屋の家屋。軒下に置かれた韓国味噌の眠る瓶が、空の残光を受けて鈍く反射している。

道はジグザグに丘を登る坂道へと続いていた。

そのまま坂道を歩いて行くと、やがて家屋は途切れ、足下から伸びる小道だけが、カーブを描きながら寂しい雑木林のなかに消えていた。

そう思いかけたとき、目の前の風景が、あの「夢の中の風景」と細部にわたり一致していることを確信した。

「この先進もうか……」

その瞬間、頭のてっぺんから電気が流れるような戦慄が全身に走り抜けた。

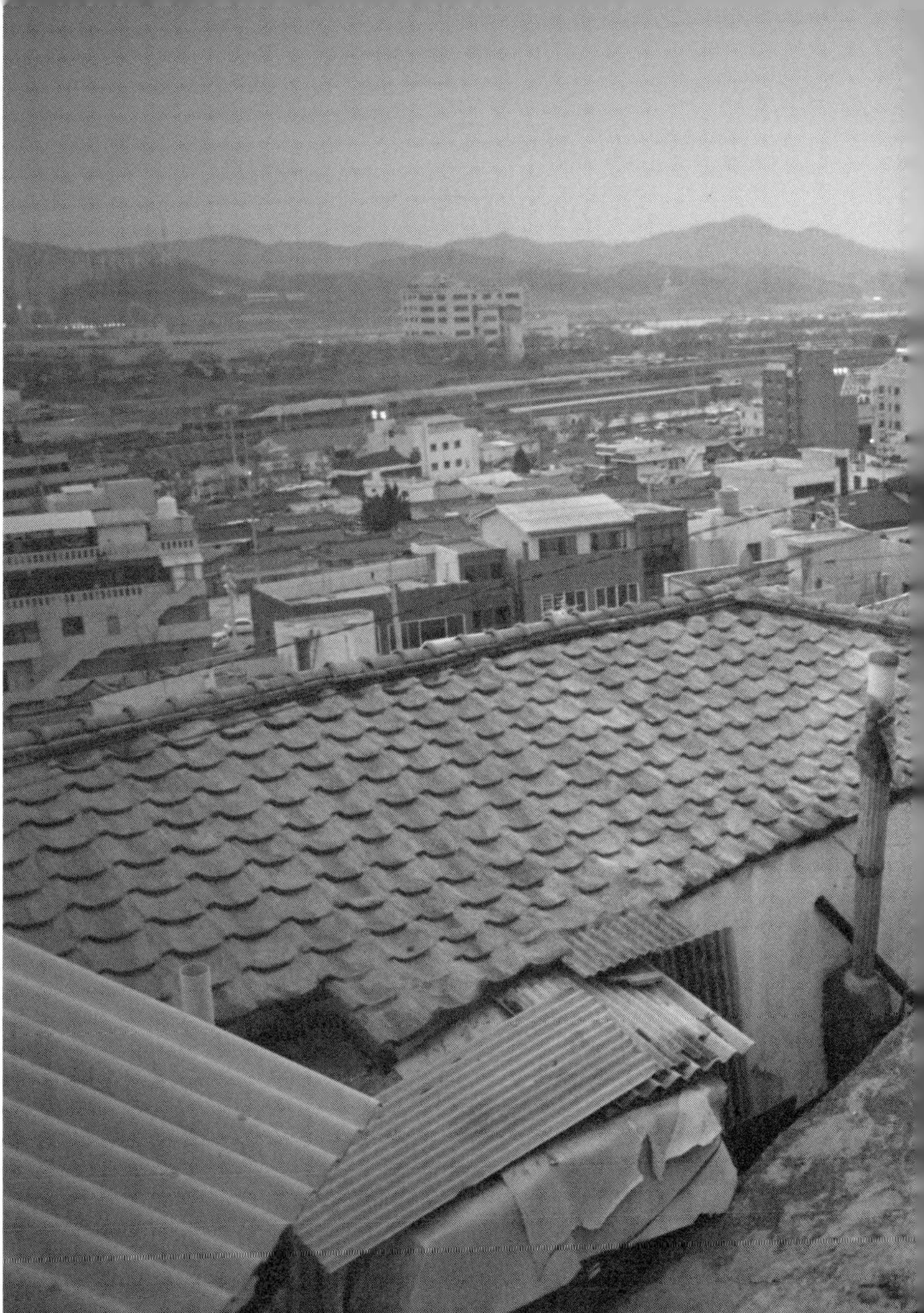

あの日見た夢は、この風景だったのか？

それとも、今まさに夢を見ているのだろうか？

夢と現実が錯綜していることに僕は狼狽えた。

そして、このまま林のなかに続く小道を行けば、もう二度とここに帰って来られないような気がして恐怖に苛まれた。

「とにかく、ここから離れなければ」

僕は慌てて踵を返し、逃げるようにして坂を下った。

夕闇が押し寄せる駅の方角から、犬の鳴き声に混じって列車の警笛が聞こえてきた。

その音は「乗り遅れるなよ」とでも言っているかのように耳に響いた。

雪国の吉野屋と松屋

幌《ほろ》加《か》内《ない》〈日本〉*Horokanai, Japan 1995*

北海道の深川と名寄を結ぶ深名線《しんめいせん》がまだ走っていた頃だから、今から二〇年以上も前になる。終点の幌加内で最終列車を降りると、駅前は吹雪のなかにあった。駅で教えられたとおり、宿への道を進もうとしたが、駅前通りは全く除雪されておらず、膝下まで雪に沈んだ。

道は境界線が消失し、どこまでが道なのか判別できない。一本のクルマの轍だけが頼りだった。しかも、悪いことに宿屋の名前を忘れてしまった。僕は名前を思い出そうと努めたが、吹雪に霞む道のように全く浮かんでこなかった。

そんななか、猛吹雪のなかをしばらく歩くと、軒先に淡く光る看板が目に入った。思ったよりもずいぶん近いと感じたが、「松屋」と書かれた看板を確認すると、それが今夜の宿だと疑わなかった。

降り続ける雪が、店の間口から漏れる光を受けて舞っている。

ほんの少し歩いただけで、体じゅう雪まみれだった。

「早く暖かい部屋でゆっくりしたい」

そう思いながら扉を開けると、カウンターに座った数名の男たちが一斉にこちらを振り返った。

まるで西部劇の映画のワンシーンようだが、あちら側からすれば何事かと思ったに違いない。真っ暗闇のなかから雪まみれの見知らぬ男が突然入って来たのだから。

店内は突然の闖入者に静まり返った。

割烹着を着たおばちゃんに「先ほど、深川駅から電話した者です」と、僕は不信感を払拭するように努めて明るく話した。すると、こちらの努力に反して余計に怪訝な顔をされた。

「あの、今日泊まれるんですよね？」と続けると、

「ここは食堂だべさ」とおばちゃん。

「お兄ちゃんが言ってるのは、吉野屋さんのことではないかい？」と、今度はカウンターでご機嫌そうなおじさんが、赤ら顔で言った。

そうか、やっと思い出した。予約した宿の名前は「吉野屋」だったのだ。そしてここは「松屋」という食堂……。

「同じ牛丼屋チェーンのような名前で、間違えました」と言うと、小さな店内に明るい笑い声が響いた。

「気をつけてな！」と赤ら顔の人々に見送られながら、荒海に漕ぎ出す小舟のように、再び猛吹雪の駅前通りへ出て数分後、ようやく予約した吉野屋旅館に辿り着いた。

玄関先で「いらっしゃい、大変でしたね」と、女将さんが優しく迎えてくれた。以来、この宿には何度もお世話になったが、この吹雪の夜が最初の宿泊だった。

翌朝吹雪は止んだ。しかし線路は雪に埋もれ、深名線は一日中運休になった。

点描

国際列車の人間模様

北京〜ウランバートル〈中国・モンゴル〉*From Beijing to Ulaanbaatar, China/Mongol 2014*

モンゴルを訪ねようと思ったのは、フェイスブックにアップされた一枚の写真がきっかけだった。

それは、草原のなか大きく弧を描く線路の上を、長編成の貨物列車が走っている写真。驚いたのは、グルッと円を描いた線路の半分以上に列車が乗っていること。撮影地はモンゴルの「ホンホル」という地名が表記されていた。

モンゴルといえば、日本でお馴染みの力士たちの祖国である。それは誰もが知っていることだろうが、モンゴルの鉄道がどんな風景のなか走っているのか知りたくなった。この目でモンゴルの風景を眺め、鉄道の姿を撮影したいと思った。

後日、記憶した「ホンホル」の位置を地図で調べると、首都ウランバートルから南東へ約三〇キロのところに位置していることが分かった。

とりあえず、ウランバートルで宿を確保し、宿を拠点にホンホルへ通うことができそうだ。

ウランバートルまでは、飛行機で直接飛んでも良いが、北京とウランバートルの間には、週三往復の国際列車が運行されている（うち一往復は北京〜モスクワ間を運行）。列車で国境を越えることなど日本ではできないのだから、これは是非とも体験したいと考え、北京発の国際列車を利用することにした。

乗車したのは、北京発ウランバートル行きK23列車。毎週火曜と土曜に北京駅を出発し、ウランバートルへ向かう。所要時間は約二七時間。

出発時刻が迫り、四人用コンパートメントへ入ると、いかにもモンゴル人らしい顔つきの若い女性が部屋の寝台に座っていた。「ニイハオ」と中国語で挨拶をすると、少し困った顔つきになった。どうやら彼女はモンゴル語しか話せないようなのだ。

持参の『旅の指さし会話帳・モンゴル語』を開いて、ようやく意思疎通ができた。聞けば名前はフランというらしい。フランちゃんは訪問先の中国から、故郷のウランバートルへ帰郷するようだ。

そうこうしているうちに、列車は北京駅を出発した。

他のコンパートメントもほとんど埋まっているが、四人部屋でも二~三名ずつの部屋が多い。見知らぬ男女が二人きりで同じコンパートメントになるなんて、日本では考えられないが、こちらではよくあるのだろうか？

言葉は通じないし、これから一日以上の長丁場で何かと気を使いそうだ。『旅の指さし会話帳』が頼みの綱、持参して良かったと思った。

そんな僕の気持ちを知ってか知らずにか、フランちゃんが突然バックから小物を取り出し、僕に手渡してくれた。

それは一個のキーホルダーだった。

片面が赤、片面が緑の皮革に、チンギス・ハンの肖像がプレスされている。

「チンギス・ハン！」と、やや芝居じみた口調で言ってから彼女の手へ返すと、首を横に振ってこちらへ戻した。そのキーホルダーをくれるというのだ。

　僕からは何もお返しするものがなく、申し訳ない気がしたが、モンゴル語で「バイラルラー《ありがとう》」とお礼を言って、有難く受け取ることにした。

国境の駅

　目が覚めると列車が停車していた。時計を見ると二二時になるところ。夕食後少しの時間寝てしまったようだ。同室のフランちゃんが「パスポート」と言った。寝ている間に国境の駅「二連《アールリエン》」に到着したようだ。母国を目前にして嬉しいのだろう、フランちゃんの表情が少し柔らかになっていた。

　列車は国境の二連駅で三時間ほど停車する。到着後間もなく、国境警備員がパスポートの回収にきた。

　この列車の乗務員はモンゴル人女性で、一車両に二名乗務し交代で仕事をしている。一人が「列車から降りて、買い物に行けるよ」と教えてくれた。退屈なのでちょっと駅の様子を見物しに列車を出てみた。

　二連の緯度（北緯43度39分）は北海道旭川市に近い。九月も半ばを過ぎ、外に出ると空気はヒンヤリとして吐く息が白い。長く居ると手がかじかんできそうだった。

　駅舎の一階には入国管理所《イミグレーション》が設けられ、二階には売店があるようだが、特に買い物をする気にもなれずに列車に戻った。このまま外に居れば、貴重な台車交換のシーンを見ることが出来なくなるからだ。

中国の鉄道は軌間一四三五ミリなのに対し、モンゴルの鉄道はさらに広い一五二〇ミリ。このため両国を直通する列車は二連で台車を交換する必要がある。台車交換の作業は、乗客が乗ったままで行われ、その様子を車内から見ることができる。

二連に到着して約一時間後、列車がこれまでの進行方向、つまり国境の方へ動き出した。しばらく走ると暗闇のなかで停車。その後、前進後退を繰り返し、間もなく長い建屋のなかに停車した。工場や倉庫のような建屋のなかには線路が三線敷かれている。

どうやら長い列車は、前進後退の間に三分割された後、さらに一両ずつ切り離されたようだ。これから客車をジャッキで持ち上げ、台車を交換するという気の遠くなるような作業が行われる。

車外に出ることは許されないが、客車の窓越しに様子を観察できる。すでに隣の線に振り分けられた客車が、ジャッキでゆっくりと持ち上げられていた。

そんな様子をフランちゃんと眺めていたが、彼女にしてみれば帰国を目前にしての足止め。まどろっこしいような台車交換作業をじれったく思っているのではないだろうか。少しの間眺めていたが、コンパートメントに戻ってしまった。

台車交換作業はスムーズなもので、中国用の台車が外されると、間もなくモンゴル用の台車が線路上を移動して定位置に据えられた。その上に客車がゆっくりと下ろされる。ブレーキなどを繋ぐ作業が終わると、今度はバラバラになった車両が再び一本の列車として組成される。この時の連結作業の荒っぽいこと。「ドカーン！」と連結器をぶつけて連結された。

列車編成は一六両もある。連結の度に激しい衝撃が繰り返されるので、寝ている乗客はたまらない。こうして一時間ほどかけて台車交換作業を行い、全ての作業が終わった時は日付が変わっていた。

列車は0時59分二連駅を出発。国境を越えて、モンゴル最初の駅「ザミンウード」には1時25分に到着した。モンゴルの入国係官がパスポートチェックにやって来た。発車は2時40分だが、さすがに瞼が重くなってきた。戻って来たパスポートにモンゴル入国のハンコを確認してから眠ることにした。

平壌から来た男たち

隣のコンパートメントには、如何にも〝おじさん〟といった風体の三人組が乗っていた。北京を出て二日目、開け放たれたコンパートメントの扉の向こうに、ランニングシャツ姿でリラックスしているのが見えた。彼らが韓国語で話していたので、通路で車窓風景を見ていた一人の男に、片言の韓国語で話しかけてみた。「日本から来ました」と伝えると、「そうか」と言う感じに頷いた。

それから英語と韓国語を交えて少し会話した。しかし「ソウルから北京は何時間かかりますか？」などと聞いているうちに、次第に話が噛み合わなくなってきた。

場の空気が少しまずくなったところで男は言った。

「実はピョンヤンなのです」

コリア語を話す国は韓国だけではなく、その北隣にもあることをすっかり忘れていた。

平壌《ピョンヤン》は、その首都だ。勘違いを謝ると、男は「いいんだよ」と笑った。

彼の国の国家体制や、為政者たちのことはとりあえず置いておき、僕は旅の最中に出会った一人の人間同士の関係として、しばらく会話を続けることにした。

話のなかで、今まで訪問した国の話題になった。訪問国の数は僕の方が多く、これまで訪ねた三〇あまりの国名をあげると、彼はフーッとため息をついた。

彼の方はフランス、ドイツ、ロシア、タイ、中国などへ行ったことがあると話した。フランス語、ロシア語、中国語、英語を喋るといい、モンゴル人の客室乗務員とはロシア語で話していた。海外に多く行くことが許されるのだから、彼の国においては、かなりのエリートなのだろう。話の端々に知性とユーモアが感じられる人物だった。

人間は誰も生まれる場所を選ぶことができない。

旅のなかで、街並みや風景を見ながら「もし自分がこの場所に生まれ育ったとしたら、どんな人生を送ることになったのだろう」と、時々考える時があった。

彼も僕も、それぞれの国に生まれてしまったのは運命に他ならない。同じ人間ではあるが、国の体制が大きく違っている二人が、同じ場所へ向かう列車の車内で、肩を並べていることが不思議に思えた。

列車の終点が近づく頃、平壌から来た男たちは、リラックスした格好から一転してスーツ姿になっていた。その襟には、金日成《キムイルソン》のバッジが光るのが見えた。

「みず」と「パラム」

釜山～ソウル〈韓国〉*Gyongbu-line, Korea 2001*

夕暮れの釜山《プサン》からソウルへ行くのに、特急の「セマウル」ではなく、韓国では急行列車に相当する「ムグンファ」を選んだ。発車前の車内は空席だらけで、ゆったりした空気が漂っていた。

問題なのはもうすぐ日没を迎えること。夜になれば車窓風景を楽しむことができない。「のんびり行こう」と覚悟は決めていたが、相当に退屈しそうだった。

ところが、発車時刻も迫る頃、そんな憂鬱な気分を打ち壊す事態になった。キャスター付きのトランクを引きずった一人の若い女性が、僕の席を目指すようにやって来たのだ。その女性は僕の席の隣で立ち止まり、チケットを確認すると、重そうなトランクを頭上の網棚に載せようとした。しかし、よほどトランクが重いのか、持ち上げることができずに危なっかしい。見ちゃおれないので座席を立って手伝ってあげた。

すると、女性はお礼もそこそこに、僕の隣の席に座って「フーッ」と大きく深呼吸をし、手に持ったチケットを自分の顔の前で上下させてパタパタと扇いだ。

今ならば、「まるで韓流ドラマのようだ！」なんて茶化すこともできるが、その時は、韓流ドラマの火付け役となった『冬のソナタ』すら、まだ放送されていなかった。

最初に言葉をかけてきたのは彼女の方だ。

「日本人ですよね。さっきチケットを買っている時、後ろに並んでいました」と話した。それが流暢な日本語だったので驚いた。

それから立て続けに、自分が済州島《チェジュ》出身で、日本人の友達が何人も居ることや、これから友人を訪ねてソウル手前の平澤《ピョンテク》まで行くのだと話した。

それをきっかけに、初対面と思えないほど話が弾んだ。ひとえに彼女の日本語が上手だったからに過ぎないのだが、その盛り上がり方といえば、少し離れた席の老夫婦に睨まれた程だ。

彼女はその老夫婦から少しばかり〝お小言〟をもらっていた。

日本や韓国のことなど、ありきたりな世間話をしばらくしていると、突然「韓国は好きですか」と彼女が聞いてきた。反射的に「もちろん」と答えると、「私は嫌い」と彼女は言った。

韓国を訪れるまでは、韓国人は誰もが愛国心があるものだと思っていた。さらに日本で韓国について報道される際の切り取り方により、韓国人は愛国心からくる反日感情を誰もが抱いているものだと、知らずのうちに思い込まされていたようだ。

人間が一〇人居れば一〇通りの考え方があるはずだ。しかし、外交問題を発端とした隣国を遠ざけるような空気感が、そんな当たり前のことさえも見えなくしてしまうのだろうか。

それまでのイメージに反して、初めて韓国を訪問したこの旅では、日本が好きだという韓国の人々と出会っていた。日本語を勉強中というおじさんにも出会った。もちろん日本が嫌いな韓国人も居るだろうが、それまで自分が韓国の人々に抱いていたイメージと、あまりにかけ離れていることに気づかされた。

なかでも日本への憧れを語る彼女の思いは、ことのほか強いように感じられた。しかも自分の国が嫌いだなんて。

彼女に返す言葉に詰まりながら車窓に目をやると、外はすっかり日が暮れて真っ暗になっていた。見知らぬ街の灯が、闇のなかへ遠ざかって行く。列車はただひたすら走り、線路の継ぎ目を打つ車輪の軽快な音が沈黙の車内に響いた。

好きで嫌いな国

暗闇に浮かぶように、自分の顔がぼんやりと窓に映り込んでいるのを見ながら、僕はずっと昔、自分の口から同じように放ってしまった言葉を思い出した。

二一歳だった頃の僕は、広告写真家の助手をしていた。

写真学校を出てすぐにお世話になった写真家の、その時の仕事内容はイギリス車の広告撮影だった。「高級外車に乗って、オシャレな別荘にクリスマスプレゼントを届ける」というシチュエーション。

一九八〇年代も終わろうとしていたその頃、日本はちょうどバブル景気まっただ中にあった。新聞一面を使ったその広告の内容にも、時代が表れていた。

ロケ地となったのは、冬の北海道ニセコの別荘地。助手である僕の仕事は、機材やフィルムの管理、カメラまわりの操作などが主だった。

全ての撮影が終わり、ニセコから新千歳空港へ向かう道中。「せっかくだから、美味い昼食を食べよう」と、小樽に立ち寄ることになった。コーディネーターが気を利かせて、地元の人が利用する穴場の店へ案内してくれた。

広告代理店のディレクター、デザイナー、コーディネーター、そして僕の師匠。そんな男所帯のなかに紅一点、モデルの女性はカナダ人。スラリと背が高く瞳が綺麗な人だった。代理店のKさんが流暢な英語で会話しているのを遠巻きに見ていたが、モデルと僕が同じ歳ということが判明し「お前も何か話してみろよ」と周りに促された。

話せと言われても、それまで二一年間の人生のなかで、外国人と英語で会話したことなど一度もなかった。

それればかりか中学校で初めて受けた英語の授業で、ひどい山形訛りのイントネーションで「ディス イズ ア ペン」と教えられたのだ。

しかし、黙っている訳にもゆかず、勇気を出してひとつ聞いた。

僕「Do you like Japan?」（日本は好きですか？）

モデル「Yes! of course.」（もちろん！）

僕「I don't like Japan.」（僕は嫌いです）

モデル「……」

モデルの彼女は困ったような顔になっていたが、二一歳の僕は日本が好きではなかった。国じゅうがバブル景気の熱に浮かされて、誰もが拝金主義者のように見えた。若い僕にはその姿がとても醜く思えたのだ。

韓国人の彼女がなぜ「韓国は嫌い」と口にしたのかは定かではないが、気持ちは分かる気がした。若さゆえ、アイデンティティに対する一種の反抗期なのかも知れない。

「自分も昔は日本のことが好きではかったけど、今は好きだ」

沈黙の壁を破るように、そう話すと、彼女は「ふーん」と言いながらも、何処か腑に落ちない表情をしていた。

帰国後、ラジオの韓国語講座を聞き始めた。何カ月か過ぎた頃、ラジオ講座を聞きながら、ムグンファの車内で出会った彼女のことを思い出した。

「好きな日本語は何ですか?」と彼女は聞き、すぐに「私は〝みず〟です。きれいな響きだと思いました」と自問自答のように言ったことを、ふと思い出したのだ。

存在としての「水」と、日本語の響きの「みず」が彼女のイメージの中で重なったのだろう。

ラジオから「パラム」という単語の発音が聞こえた時、「風」を意味するこの韓国語の響きが胸に響いた。

「パラム」と発音してみると、目の前を風が吹き抜けるような感じがするのだ。

彼女が「みず」という日本語を好きだといった理由が、数年の時を経て理解できた気がした。

断食月が明けた

ナグレグ〈インドネシア〉*Nagreg, Indonesia 2010*

小さな駅のベンチに座り、少女が真剣な表情で指先を見つめていた。

何をやっているのだろうか？

そう思ってのぞき込むと、指先に玩具のマニキュアを塗っていた。

何処の国でも女の子は〝おませ〟である。オレンジ色の塗料で飾られた小さな爪先が可愛らしい。


この日、一カ月ほど続いた断食月《ラマダン》が明けた。新年を祝うかのような日に、旅の途中で期せずして出くわした。

インドネシアは約二億六〇〇〇万人の国民のうち、八割弱がイスラム教を信仰している。世界最大のイスラム教人口を擁する国でもある。

インドネシアでラマダンの時期に旅すると、この時期ならではという光景に出会う。もっとも信仰心も人によりグラデーションがあり、日中は何も口に入れないという人も居れば、路地裏にひっそりと開店している食堂で静かに食事をしている人も見かける。

撮影のために山間の小さな駅を訪れると、集落の少年達が集まってきた。ラマダンについて聞くと「水も飲んでいないよ！」と胸を張った。もちろん異教徒の外国人旅行者はラマダンの対象外であるが、子供たちの目の前で、堂々と飲食することなどできないだろう。何かと気を遣うものである。

そんなラマダンが明けると、インドネシア全体が約二週間の休暇に入る。長期休暇のはじまりとあり、都会から故郷へ帰る人々が一斉に移動する。首都ジャカルタから地方へ向かう列車はどれも満員になり、幹線道路は大渋滞となった。

高速道路網が整備中のバンドン郊外で、一般国道が激しく渋滞する様子を目の当たりにした。その場所は山越えの途中で、片側一車線の細い道のため、クルマの列が延々と続き、ほとんど流れない。トイレを我慢できない人のために、「トイレ貸します」の貼り紙を掲示した民家もあった。

しかし、一歩通りを外れれば、喧噪が遠ざかる。

ナグレグという小さな駅を訪ねると、待合室に玩具屋が露店を広げていた。日本でお正月にお年玉を貰うように、子供たちはお小遣いでも貰ったのだろうか、子供同士や親子連れが、「即席のおもちゃ屋」にやって来る。玩具の売れ行きは上々だ。

人々の表情は、昨日までの儀式から解き放たれたかのように、実に晴れやかだ。

爪のマニキュアが乾いたのだろうか、先ほどの少女が父親に手を引かれて駅を出ていった。

家族列車

ポイペト〜プノンペン〈カンボジア〉 *Royal Railway of Cambodia, Cambodia 2000*

陸路で国境を越えるというのは、島国で生まれた者にとって、実にワクワクするイベントだ。しかし、隣国との関係や国内の事情により、国境は閉ざされてしまう場合がしばしばある。

長く内戦が続いたカンボジアでは、タイと国境を接する西部に反政府勢力のポルポト派が残留していたため、両国の国境は長らく閉ざされていた。外国人旅行者などは、当然ながら通行できない状態だった。そんななか、東南アジア地域の情勢が落ち着きを見せはじめた一九九八年になって、タイのアランヤプラテートとカンボジアのポイペト間の国境が通行可能となった。

実はこの国境には、鉄道が敷かれていた。プノンペンとバンコクを結ぶ国際列車も運行され、両国の首都を結んでいた。しかし一九七〇年からはじまった長いカンボジア内戦で鉄路は疲弊し、国際列車は運行を止めて久しい。

それでも、タイ側はアランヤプラテート駅から国境付近まで線路が残された。一九九〇年代の初頭頃は、国境近くに駅を設けて列車が発着していたが、その後、国境への区間は運行を停止し、線路は草むらに覆われている。

ポイペトでタイと接し、プノンペンへと伸びた路線は、カンボジア鉄道の主要路線のひとつだった。訪問した二〇〇〇年四月には、ポイペトと、東へ約四七キロのシソフォンまでの区間は荒れ果てたままで運行が停止。シソフォンから、カンボジア第二の都市バッタンバンまでが一日片道一本のみ。バッタンバンからプノンペンまでは一日一往復の列車が運行されていた。

この旅ではシソフォンからバッタンバンまでの列車にも乗る予定だった。シソフォン発の運行日を予め調べ、これに合わせて日程を組んでいた。しかし成田からの航空機にトラブルがあり、出国が一日延期となってしまった。運転が二日に一本のため、一日遅れるとさらに一日待つ必要がある。限られた時間内で二日間の延長は難しい。そう何度も来ることができない場所だけに、歯ぎしりするレベルの悔しさを味わったが、これればかりはしょうがない。

同行した友人と予定より一日遅れてバンコク発の列車に乗り、終点のアランヤプラテートで一泊。翌朝、国境へ向かった。

タイ側のイミグレーションでは簡単に出国手続きが済んだが、問題はカンボジア側。ポイペトのイミグレーションでは係員が書類の不備を言いがかりにして、賄賂を要求してくるという噂があった。友人が得た情報によれば、その書類は予防接種に関するものだという。

これは正統的なものではない。そもそもカンボジアに入国するのに予防接種関係の書類など必要ないのだ。国境を通過する外国人から金をせしめて私腹を肥やすのが目的なのだろう。

友人はこれに対処しようと、自家製の「予防接種証明書」をパソコンで作成した。相手が違法なのだから、こちらも偽造書類で応戦しようという魂胆だ。友人は日本語と英語で巧妙な書類を作成、仰々しい印鑑も押した二人分の書類を用意した。

入国手続きが完了した後、地元民用のチェックポイントと思われる建物の前で、係官と思しき男たちに呼び止められた。壁には幾つかの見本書類が掲示されている。いよいよ自家製書類を試す時が来た。

バックパックから引っ張り出した書類を係官の一人に突きつけると、受け取った男の目つきが険しくなった。「これは効き目があったか」と思ったが、残念ながら通用しなかった。「外国発行の書類はダメ」というのだ（書類に記載した病院長の名前を大泉逸郎にしたのが失敗の元だったか……）。

しかし、ここで足止めされるのも時間が惜しい。仕方なく五米ドルを払った。係官らしい男は、その後も言いがかりをつけて料金を引きあげたかったようだが、一切聞こえぬふりをしていたら、追い払われるように「行け！」と言われた。

「チャーハンのメシ粒」のように

初めて入国したカンボジア。国境の街ポイペトは混沌としていた。「お隣のタイとさほど変わらないだろう」と想像していたが、雰囲気が違った。壁に弾痕の残る建物や未舗装の道路。迷彩服姿の男が目立つのも異様に感じられる。長く続いた内戦の疲れが、街全体に滲み出ているようだった。

印象だけでなく、実際に穴ボコだらけの悪路には参った。ポイペトから、列車に乗る予定のバッタンバンまでの道のりが予想以上に過酷だったのだ。

このルート、途中のシソフォンまでは一本道だが、シソフォンで二本に分かれる。シソフォンからカンボジア中央に陣取るトンレサップ湖の北に回り込む「六号線」を行けば、アンコールワットのあるシェムリアップへ至る。南を通る「五号線」を進めば、僕らが向かうバッタンバンへ至る。

アンコールワットといえば、カンボジアを代表する観光地である。だが、どちらへ向かう場合でも、まともな公共交通機関が用意されていない。唯一の交通機関が乗り合いタクシーなのだ。

乗り合いタクシーといえば聞こえは良いが、要はピックアップトラックを使用したもので、その荷台に乗せられての移動だ(その後、エアコンの効くワンボックスカーに置き換わった)。捕まえたピックアップ・トラックは、ポイペトの街なかをぐるぐる巡回して、なかなか先へ進もうとしない。収益が上がるよう、お客を乗せられるだけ乗せてから先に進むのだろう。ドライバーが根気よく営業を続けたおかげで、荷台の上が、人間はもちろん、大きな荷物で次第に占領され足の踏み場がない状態になってきた。

トラックが走り出すと、荷台の上の満杯の人と荷物が大きく揺すられ、僕らは人々に押し出される格好で荷台の端に追いやられてしまった。悪路のため、荷台の枠にシッカリつかまっていないと振り落とされそうになる。うっかり居眠りもできない。さらに悪条件に輪を掛けるように、屋根がない荷台には、南国の強い直射日光がジリジリと照りつける。これはもう「苦行」としか言いようがない。

同じ体験をしたバックパッカーの友人（彼はシェムリアップへ行った）が書いた旅行記に「フライパンのなかの具材である」とあったが、まさにその通りだ。まるで中華鍋のなかで炒められる「チャーハンのメシ粒」のように、いつ〝ピョーン〟と鍋の外に飛び出るかわからない感じだった。

「お願いだから早くバッタンバンに着いてくれ！」と願うしかない。目をつぶって、よく冷えた〝アンコールビール〟の、冷たいのど越しだけを想像しながら、ひたすら苦行に耐えた。

機関車「鉄仮面」

翌朝、早起きしてバッタンバン駅へ。まだ薄暗いなか、列車はすでにホームに据えられ発車を待っている。友人が切符を買うために窓口へ行くと「外国人は無料」と言われた。安全が保証できないのでお金を取れないというのが理由らしい。

しかし、彼はどうしてもカンボジア鉄道の切符が欲しくて、わざわざ窓口に並び直し四五〇〇リエル（当時約一二五円）の切符を二枚購入。その苦労して買った一枚を僕にくれた。ボール紙をカットしたような、ゴツゴツとした肌触りの切符にタイ文字よりもやや角張った、クメール文字が印刷されていた。

列車は客車が二両のほかは貨物車両。しかし八両ほどの貨物車の荷物は貨物ではなく人間だ。車両が足りないのだろうか。とりあえず客車の一両に乗り込むと、すでに多くの人々が席に座っていた。親切な男が二人分席を詰めてくれ、僕らは難なく席を確保することができた。

列車の窓から発車前の雑然とした賑わいを眺めていると、風景がゆっくりと動き出した。いよいよ首都のプノンペンへ向かうのだ。

出発直後はザワザワしていた車内も、しばらくすると喧噪が落ち着いた。それでも列車内は話し声で賑やかで、昔から顔見知りのように誰彼となく会話している。ボックス席を一区画確保してハンモックを吊っている家族も居る。ハンモックのなかでは、小さな子どもが揺られていた。

人々を乗せた列車は、カンボジアの平原をゆっくり、ゆっくり走った。スピードが出ないのではない、線路の状態が悪いのでスピードを出せないのだ。列車は時々「そのまま転倒するのではないか」と心配になるほど大きく揺れた。

バッタンバンから約四時間、プノンペンとの中間に位置するプルサトという駅に到着した。ここでは、プノンペンからやって来る下り列車と行き違うため長時間の停車となった。

列車の写真を撮ろうと、車外に出て列車の先頭へ行くと、フランス製ディーゼル機関車の前面には鉄仮面のような装甲板が取り付けられていた。銃器による襲撃から運転手を守るためだという。そんな機関車の面構えは、長く内戦の続いたカンボジアを象徴するような風貌だった。

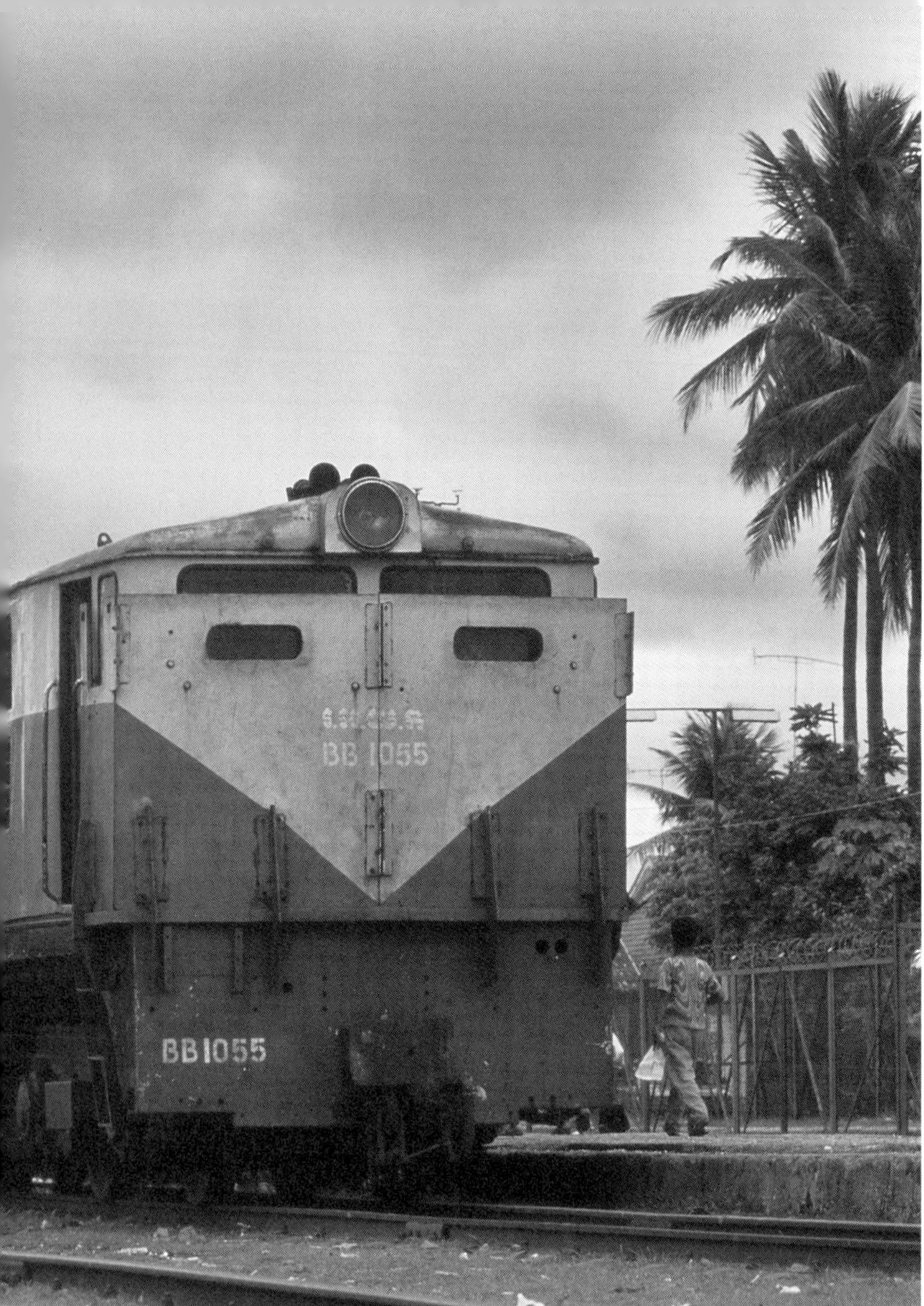
BB 1055
BB1055

屋根の上の物売り

車外に出て、客車や貨車の屋根の上にも人々が乗っていることに気がついた。屋根上でのんびり寛ぐ人々の姿を見て、屋根上の乗り心地を試してみたくなった。もちろん屋根上に乗る行為など、日本では絶対に許されない。また、いくら列車の速度が遅いとはいえ、決して安全とは言えないだろう。自己責任を肝に念じて、車両と車両の連結部分から屋根によじ登った。屋根上で男が引っ張り上げてくれた。

列車が走り始めると、全身で感じる風が実に気持ち良い。屋根の上は広々としており、前日に体験したピックアップトラックの荷台に比べれば格段に快適だ。振り落とされる危険もなさそうだ。元気な若者たちにとっては、蒸し暑い車内より涼しい屋根上の方が過ごしやすいのだろう。

屋根の上から見る列車の姿は新鮮だった。列車がカーブに入ると、先頭車両から順番に弧を描きながら続いてくる。そんな列車の姿を見ていると、プノンペンへ向かう人々の思いまでも、ひとつの連帯感を持って連なっているように思えた。

人懐っこい少年たち、プノンペンへ帰るという兄妹。彼らが話すクメール語はわからないが、列車の屋根上で風を受けながら微笑む人々の表情はなかなか良い。

列車の後方から屋根伝いに歩いてきた中年の夫婦は、日本の駄菓子屋でも見かけるプラスチックの透明な瓶を小脇に抱えていた。瓶の中身はアメ玉やチューインガムなど。この夫婦は屋根上でお菓子を売っていたのだ。

アメ玉一個の売上金など、たかが知れているではないか。それでも屋根の上にまでよじ登り、身軽にお菓子を売り歩く姿があった。逞しさと同時に、商うことや、生きることへの余裕すら感じられる光景だった。

ともに旅する人びと

開放的な屋根上を体験した後、再び客車内に戻った。

列車のデッキから車内をのぞき込むと、車内の混雑はさらに増していた。雑然を通り越し、もはや混沌としている感じだった。

不意に赤子を抱いた老婆が、僕がカメラを手にしているのに気付くと「この子を撮りなさい」と言わんばかりに丸裸の赤子を差し出した。

やや慌てながらカメラを構えようとしてよろめくと、僕の慌て振りが滑稽だったのか、周囲の人々がドッと笑った。あたかも天から降りてきたような無邪気な赤子は、訳も解らぬまま笑っていた。

この時、この列車に乗る乗客は「皆一つの家族ではないか」と思えた。そして、少し切ない気持ちになった。様子こそは違っているが、かつて日本の列車で遭遇したような光景に重なって見えたからだ。

もう三〇年も前になる。中学生の頃から「青春18きっぷ」を使って列車に乗る旅を楽しんできた。時刻表をめくっては見知らぬ土地に思いを馳せ、納得のゆく乗り継ぎプランを捻り出すのが楽しかった。

実際に旅に出てみると、列車の車窓に次々と展開する風景の変化にたまらない魅力を感じた。それと同時に、向かいの席に偶然座ったおばちゃんからミカンのお裾分けを貰ったり、車掌さんに「どっから来たの」と声をかけられたり、出会った人たちと話したことが、旅をより印象深いものにしてくれた。

ある春休み、秋田県から青森県にかけての日本海側を走る五能線《ごのう》の車内で、海側の席に座っていたおじさんが突然に歌を歌い始めた。

「海はよぉ、海はよぉ〜」

その当時流行した、木村賢吉の「親父の海」だった。おじさんは軽く口ずさんだつもりだったのだろうが、歌声は車内に響き渡った。

おじさんが気持ち良さそうに歌い終わったところで、どこからともなく「パチ、パチ、パチ」と拍手が始まり、やがて拍手が車両全体に広がっていた。

おじさんは「イヤ、なんだべなぁ」と言い、照れたように顔を撫でた。窓の外にはコバルトブルーの日本海が、春の穏やかな光に輝いていた。

カンボジアの列車内で思い出したのは、そんな五能線の光景だったのだ。

一九九〇年代になると、日本の列車が地方に行っても、乗客が向かい合わせない横長のロングシート車両に替わるようになった。都会の通勤電車と同じ座席の列車内は、以前よりも乗客同士のコミュニケーションが減少しように思えてならない。

日本の鉄道が地方においてもロングシートになった頃から、僕はアジアに向けて旅に出るようになった。〝あの頃〟の日本の列車の雰囲気を何処かに探し求めていたのだろう。

地平線へ夕陽が沈み、やがて闇に呑み込まれると、列車の車内が真っ暗になった。カンボジアの列車には車内灯の設備が無かったのだ。

カンボジアに来るまでは、この国の治安が心配だった。けれど、すでにこの時は、例え車内が真っ暗になっても全く不安ではなくなっていた。列車のなかは、ずっとこの列車で一緒に旅を続けてきた人々ばかりだったからだ。

いつの間にか、異国から来た僕らも、家族とは言わずとも、親戚の一員として認められたのだと思った。

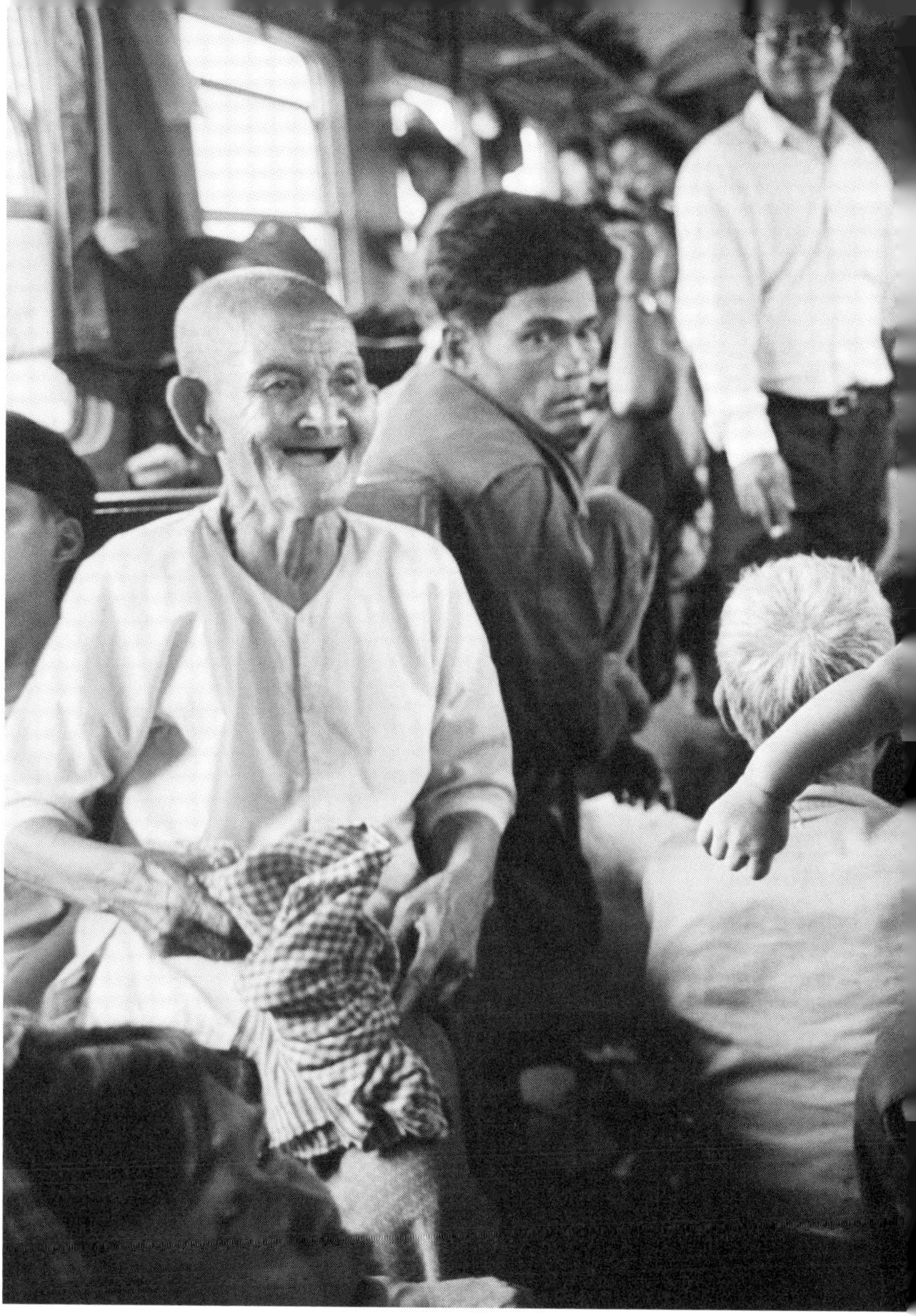

ヤンゴン川の夕暮れ

ヤンゴン〈ミャンマー〉*Yangon, Myanmar 2001*

ヤンゴンには、郊外をグルッと周回する「ヤンゴン環状線」がある。環状線といえば、山手線や大阪環状線のように頻繁に電車が走る都会の風景を思い浮かべるかもしれないが、ヤンゴン環状線の運行本数は両方向に一日三〇本程度。一周約五〇キロを三時間ほどかけて走る。鬱蒼とした木々のなかをのんびりと走り抜ける場所もあり、ローカル線の風情が漂っている。

そんなヤンゴン環状線の車内で、ある時、バラの香りが漂ってきた。振り向くと、大量に束ねたバラの花を頭上に載せた夫婦が立っていた。聞けば、ちょっと前に写真を撮らせてもらった姉弟の両親だという。家族総出で市場にバラを売りに行くのだとか。

また別の車両では、デッキに腰掛けた一人の少年が熱心に本を読んでいた。少年は駅の近くで列車が速度を落とすと、そのままデッキからポーンと飛び降りていった。

少年が飛び降りた場所は自宅から最寄りのポイントなのだろう。軽快な身のこなしに感心してしまった。

元気な少年の姿を目で追いながら、僕は前日の夜に出会った別の少年のことを思い出していた。

その少年と出会ったのは、ヤンゴンの中心地に建つスレーパゴダの境内だった。

スレーパゴダは黄金の仏塔《パゴダ》で有名な寺院だ。高さ四八メートルの仏塔を見上げていると、突然に背後から話しかけられた。

「お兄さん、日本人でしょ？」

急に聞こえた日本語に驚いて振り返れば、いがぐり頭の小柄な少年が笑顔で立っていた。年齢を聞けば一二歳だという。

パゴダに向かって二人でお祈りを捧げた後、いがぐり少年が言った。

「どこか行きたいところある？　僕が案内してあげるよ！」

弟分のようなガイド

異国では母国語以外の言葉、特に英語や日本語で話しかけられた場合、わりあいに注意するようにしている。これまで特に危険な目に遭ったことはないが、気分良く案内して貰った最後に、高額なガイド料を要求されるなど、何かと後味の悪いことに発展するケースは幾度か経験した。

相手が少年であったことと、一人で夕食をとるのが少し寂しかったせいもあった。少年に美味しい食堂に案内してもらい、一緒に食事をするのは案外楽しいかも知れないな……そんな気持ちで、彼に案内役をお願いした。

とはいえ「案内してあげる」と言われても、特に行きたい場所が有る訳でなかった。ガイドブックの地図を広げると、ヤンゴン川が近くを流れているようなので、とりあえず「ヤンゴン川が見たい」と伝えた。

日が暮れ、辺りは日没後の青い光に包まれていた。ヤンゴン川のほとりに着くと、こちらの岸辺と対岸とを結ぶ渡船の発着所があった。小舟が次々とやって来ては、大勢の客を乗せて離岸してゆく。

川には多くの船が行き来しているが、その岸辺は暗い。それもそのはず、岸辺にも船の上にも、ぽつりぽつりと裸電球が灯っているだけだ。次第に闇に溶けてゆく風景のなか、人々を乗せた渡船は黒い影となって蠢いた。どの船に乗れば、対岸のどの場所に着くのか皆目見当がつかない。

しかし、こんな混沌とした光景に身を置くのは嫌いではない。どんなに美しい風景よりも、むしろこのような、日常的でありながらも、感情の整理に時間がかかるような風景と出会う方が、旅の充足感に満たされるのだ。

ヤンゴン川の岸辺をひととおり見物した後、少年と一緒に夕食を食べることにした。

彼が案内してくれたのは、ごく普通の庶民的なレストラン。白いタイル貼りの床に、チープなテーブルとプラスチック製のイスが幾つか並んでいた。

「ご馳走するから好きなものを注文していいよ」と言うと、いがぐり少年は、カレーや野菜炒めなど何品か注文してくれた。ビールをリクエストすると、「自分の分も」という感じで一緒にコーラを注文した。遠慮を美徳とする日本人からすると、少しふてぶてしい感じもしたが、少年の笑顔を見ると、全く憎めなかった。

夕食後、彼が「ドーナツ屋に行きたい」と言った。僕はもう十分に食べたのでドーナツは要らなかったが、彼に付き合うことにした。かなり歳の離れた弟か子分ができたよ

うで、少し愉快な気分になっていた。

裏切られたの？

ドーナツ屋を出ると、すっかり暗くなった路地を二人並んで歩いた。

すると、いがぐり少年は「お兄さんは買わないの？」と言って小指を立てた。

「日本人は好きなんでしょ？」と笑いながら僕の目を見てくる。

この〝おませ〟が……大人をからかうつもりかと、いがぐり少年に対する気持ちと同時に、こんな言葉を少年に言わせてしまう日本人がこの辺りには多いのだろうかと思った。

首を振って「いらないから」と答えると、いがぐり少年は、もとから何の関心も無かったかのように話題を次に移した。

宿が近づき、そろそろ「さよなら」を言おうと思っていた。

そんなタイミングで「ポストカード買ってください」と少年が言ってきた。

いがぐり少年の小さな肩に提げられていた〝ずた袋〟から取り出したポストカードは、ミャンマー各地の名所を写した風景写真の絵柄だった。夕方、少年と出会ったスレーパゴダ、夕焼け空とバガン遺跡、インレー湖の風景、少数民族の女性の写真もあった。

そんなポストカードが合計二〇枚で二〇米ドルだという。一枚一ドルの計算なのだろうが、この国での二〇ドルは決して安い値段ではない。

「三ドルなら買うよ」と言うと、

「一〇ドルでどう？」と彼。

「じゃ五ドル！」

「お母さんに叱られるから…」

「五ドル以上払わない」、本当は一ドルたりとも払いたくなかった。

少年に「世の中そんなに甘くない」と言いたかったのだろうか。それとも「子供に嘗められたくない」という、つまらない意地がでてしまったのか。或いは「親切だと思った少年に裏切られた」と感じたのだろうか。

そのすべてがイエスだった。しかし、そんなのは初めから想像できたことではないか。少年は最初からポストカードを売るのが目的で、したたかに商いを実践しただけだ。「裏切られた」なんて感じて不快になるのなら、最初から少年を無視すれば良かったのだ。「世の中甘くない」という言葉が、そのまま自分に返ってきたような気がした。

最終的に折れたのは少年の方だった。「五ドルでいいよ」と、べそをかきながら言ってきた。駆け引きは、それでピリオドとした。

僕は彼に一〇ドル札を渡し「さよなら！」といって手を振った。

お金を手にして、彼の表情に少しの光が戻った気がした。

いがぐり少年は、路地の暗がりへ小走りに消えていった。

スペシャルシート

西ベンガル〈インド〉*West Bengal, India 2009*

インドの列車は常に混雑しているイメージがある。一般庶民が利用する下位クラスの二等車（自由席）では、すいている列車に乗れた例しがない。

そんなインドの二等車は車内のレイアウトも変わっている。日本では車両の真ん中に通路があり、通路の両側に座席が配されている。これがインドでは車両の片側に通路があり、通路と直角に向かい合わせの席が並んでいる。日本で走っていた「ブルートレイン」の二段式Ｂ寝台車の造りをイメージしてもらえれば分かりやすい。

座席の長さは、車両の幅から通路の幅を差し引いた分で、とにかく長い。大人でも四〜五人、一区画の向かい合わせで一〇人ほど座ることができるだろう。

ただし、二段式の上段部分に席はない。上段は板張りになっていて、通常は荷物棚として使用される。

この荷物棚、列車が混雑してくると誰彼となく上に登り、勝手に座席へと早変わりする。しかも、子どもだけではなく大人もよじ登ってくる。

果たして荷物棚の強度がどれほどあるのか知らないが、荷物棚まで人がイッパイになった二等車の車内は、インド鉄道ならではの光景である。

初めてインドを旅した二〇〇九年、ダージリンヒマラヤ鉄道に乗る目的で、インド西

ベンガル州の大都市コルカタから二等車に揺られた。ダージリンヒマラヤ鉄道の始発駅は「ニュージャルパイグリ」で、コルカタのターミナル駅「シアルダー」から北へ五六五キロの地点にある。

シアルダーを22時05分に出発する「ダージリンメール号」という夜行急行に乗れば、ニュージャルパイグリに翌朝8時00分に到着、9時00分発のダージリンヒマラヤ鉄道の列車に乗ることができる。

しかし、昼間の風景を楽しみたいと思ったので、シアルダーを6時45分に出発し、ニュージャルパイグリに18時20分に到着する昼行の急行列車を利用することにした。列車名は「カンチェンジュンガ・エクスプレス」、寝台車やエアコン車も連結するが、自由席の二等車に乗った。地元の人々が乗り降りするような車両で、のんびり旅を楽しみたかったのだ。

荷物棚の「センパイ」

しかし、早朝のシアルダー駅に着いてみて「考えが甘かった」と気づいた。ホーム上は列車が入線する前から長蛇の列、列車が出発するときには超満員で足の踏み場もない状態になった。もはや「のんびりと列車の旅」どころではない。

途中駅からも多数の乗車があり、車内はぎゅうぎゅう詰めに……。となれば、荷物棚の上は次第に人間に占拠されてゆく。

一旦荷物棚に上がってしまえば身動きがとれなくなるが「満員の車内を荷物棚から眺

めればどのように見えるだろうか」と興味が湧いた。やがて決心し、すでに数人の男たちが居る荷物棚へ。

ところが荷物棚の上は土足禁止。脱いだクツを床に置くにしても、すでに床は手荷物などで足の踏み場がない状態だ。紛失したり盗まれたりする恐れもある。

脱いだクツの対処に困っていたところ、先に荷物棚の上に登っていた〝荷物棚のセンパイ〟が「ここに載せな」と扇風機を指さした。周りの男たちも「そうだそうだ」といった表情をしている。天井から吊り下がっている厳めしい格好の扇風機を見ると、薄汚れた数組のクツやサンダルが、扇風機のカゴと天井の間に載っていた。

扇風機の上部は新鮮な空気を取り込む部分なので「もし誰かの強烈に匂うクツが、その部分に載った場合、車内に悪臭が拡散してしまうのではないか？」などと日本人の僕は思った。しかし、そんなことを気にするインド人は居ないのだろう。まだ二〇代と思われる若い〝センパイ〟の言うとおりに、脱いだクツを扇風機の上に載せた。

かくして、無事に荷物棚の住人に加われてホッとした。導いてくれたセンパイに軽く挨拶したところ、暗がりのなかで笑顔を見せた。

そして、センパイが続けて言った言葉にハッとした。

「スペシャルシート！」と、板張りの床を指さして言ってのけたのだ。

荷物棚の上から見下ろせば、通路まで人が溢れている。座ることができなかった者は、立ったまま混雑に耐えている様子である。幸運にも座席を勝ち得た者も、隣の乗客と肩寄せ合う状態で窮屈そうだ。

その点、荷物棚はひとつの独立した空間になっており、あぐらをかいて座る男たちも、寝転ぶ子どもたちにも余裕がある。確かにここは「スペシャルシート」なのかも知れない。そう思うと、何だか愉快になってきた。

このあまり環境の良くない列車でも「楽しい！」と思えば楽になれるし、「辛い！」と思えば、辛抱し続けなければならないだろう。

荷物棚のセンパイは「生き方」にも似た、人生の奥深さも同時に教えてくれたのである。

イステマ─祈り

ダッカ〈バングラデシュ〉*Dhaka, Bangladesh 2013*

バングラデシュ、首都ダッカの郊外にあるビーマン・バンダール駅。

対向したホームを渡る跨線橋の上からダッカ中心部の方を見渡すと、朝靄の中から、屋根の上が異様に膨らんだ列車が近づいてきた。

望遠レンズをセットしたカメラを向けてファインダーを覗くと、その様子がハッキリと見えた。

屋根が異様に膨らんだ列車の正体は、屋根上に乗った沢山の人々によって作られたものだった。幾重にも重なった人また人の輪郭が、シルエットになり朝陽に浮かび上がる光景は神々しくさえもあった。

間もなく列車は駅に停車。地上から撮影しようと跨線橋を下り、列車が停車する対向のホームからカメラを向けると、屋根上の人々が笑いながらこちらに向かって手を振ってくれた。

必死の状態で列車に乗っていると思いきや、この余裕はいったい何だろうか？

一月中旬のダッカでは、毎年「イステマ」と呼ばれるイスラム教の大集会が開催されている。数日間開催されるイステマのなかでも、その日は特別に重要なお祈りがある日だった。多くの人々がダッカ郊外のトンギ地区にある、イステマの会場へ向かう。

屋根上の人々を撮影した後、列車の先頭へ向かおうと思い歩き出すと、今度は隣の車両の屋根上から「こっちも撮って！」と声がかかった。

「早く行かないと列車が出発してしまう」と思ったが、無視をする訳にはゆかない。集合写真を撮る写真屋よろしく、「ハイ、チーズ！」などと、日本語で叫びながら人々を撮影し終え、いよいよ先頭へ。

すると、またその隣の屋根上から「こっちも！」と声がかかる。半ば諦めて彼らに付き合っていると、列車はゆっくりと動き出し走り去ってしまった。結局その列車を先頭から撮ることができなかった。

今にも落ちそうなほど混雑した屋根上から手を振る人々の明るい表情と対面しながら、「果たしてこれから五年後、一〇年後に、この光景がこの場所に、まだ存在するのだろうか」と思った。

屋根上の人びと

人々が屋根上まで一杯に乗ったシーンを最初に見たのは、インドネシアの安宿だった。それは何気なく点けたテレビの画面に映し出された。その日は断食月《ラマダン》が明けた日で「ラマダンの明けた各地の表情」といった内容で、イスラム各国の様子がリレー中継されていた。

そのうちのひとつ、画面の隅に「バングラデシュ・ダッカ」と表示された画面に釘付けになった。それが、屋根上まで人々を満載した列車のシーンだったのだ。

2819

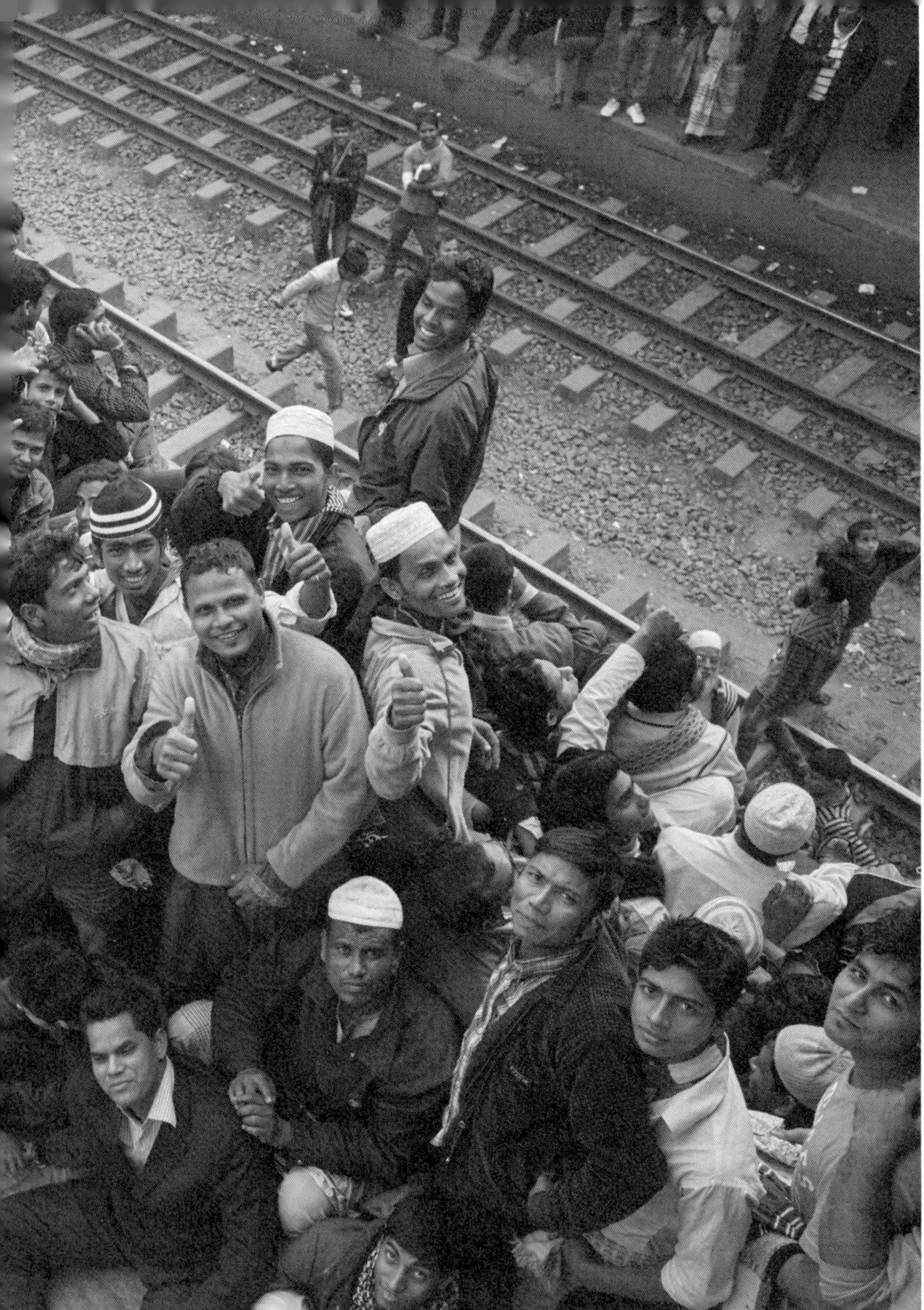

列車が駅に進入する時に、長い列車が身をくねらせるようにクネクネとS字を描いた。すると同時に、屋根上に乗った人々の塊も一緒になってウネウネと動く。カメラポジションが高い位置にあるため、屋根上の人達がウエーブのようにうごめく様子が克明に映し出され衝撃的だった。

信じられないようなこの映像は、ニュースの度に繰り返し放映され、目と脳裏に焼き付いた。

インドネシアから帰国後にネットを使って調べてみると、バングラデシュでは年に数日、あのような光景が繰り広げられていることがわかった。さらに調べてゆくうちに、毎年一～二月の数日間「イステマ」と呼ばれるイスラム教の大集会が開催され、その日はラマダン明けと同様に、乗り切れないほどの人々が屋根上までいっぱいになるというのだ。何よりも驚いたのは、屋根上に乗る人々が笑っていたこと。ニコニコしながら手を振っている人も居る。もし、屋根上の人々が苦痛の表情を浮かべていたのなら、僕はこうして、ダッカにはやって来なかっただろう。

午後になり、イステマ期間中でも特に有難い祈りを捧げる「アキリ・ナムジャット」の時間になった。人々は足を止め、西の方角を向き手のひらを上に向けて頭を垂れた。それまでの喧噪が嘘のように静まっていた。

僕も近くに居た老人に促されて、隣の少年と一緒に線路の横のあぜ道に腰掛け祈った。祈りの時間が終わると、今度は会場から都心へ戻る人々で、再び列車は屋根まで一杯になった。

「マネー」

線路端を歩いていると、一人の少年が何かつぶやきながら近づいてきた。はじめは何を言っているのかわからなかったが、しゃがんで向かい合ってみると「マネー、マネー」と小声で言っているのがわかった。年齢は四～五歳くらいだろうか、身長は僕の腰の高さほどの小さな少年だ。土埃で汚れた顔の大きな目が僕を見ていた。

聞こえないふりをして、立ち上がって歩き出すと、僕の後ろを付いて来た。始めはすぐに諦めて引き返すだろうと思っていた。

ところが少年が僕の後ろを歩きはじめて一〇分、二〇分と過ぎていった。彼と出会った場所からはかなり遠くまで来たのにも関わらず、まだ諦めようとしない。相変わらず、蚊が鳴くような声で「マネー、マネー」と口にしていた。日も暮れて、薄暗くなりはじめ「彼は帰れるのだろうか？」と少し心配になった。だが、小銭をあげて帰すのも、怒って追い返すのも気が進まなかった。

そのまましばらく歩きながら、ひとつの考えが思い浮かんだ。

「通りがかりのバングラデシュ人に話しかけ、その人から帰ってもらうように伝えてもらおう」というものだ。

線路沿いから路地に入ると、一人の青年が立っていた。道を聞くふりをして、青年に話しかけると英語で返事がきた。

「どこか美味しいレストランは知りませんか？」と聞いたところ、「何が食べたい？」と質問を返しながら、僕の足元に居る少年に気がついた。少し困った顔をすると、その青年は屈んで少年と向かい合った。

青年は小さな子どもを追い払うのではなく、諭すような口調で何かを語った。少年は始めは抵抗していたが、青年が語調を強めると諦めて、もと来た道へ帰っていった。

その青年にお礼を述べると「家に遊びに来ませんか」と彼は言った。

少年への接し方からして悪い人物ではなさそうだ。僕は彼の部屋を見せて貰うことにした。

未舗装の路地を歩くこと数分、入り組んだ道の突き当たりにコンクリート造りのアパートがあった。薄暗い蛍光灯が灯る部屋を奥に進むと、机の上にデスクトップのパソコンが置かれている。彼はハビブという名前で、大学生だと名乗った。

ハビブは僕をパソコンの前に座らせると「少し待って…お祈りの時間だ」と言って、別の部屋へ消えてしまった。僕はデスクトップに映ったバングラデシュの田園風景を、しばらくの間眺めるしかなかった。

三〇円の潤滑剤

翌日はイスラム教の大集会「イステマ（Bishwa Ijtema）」がスタートする日だった。

「イステマ」とは、コーランの真の意味を解釈することに焦点を当てた、非政治的、平和的な祭典で、一月の六日間を三日間ずつに区切って行われる。

バングラデシュ国内はもちろん、約一五〇の国々からも多くのイスラム教徒が集って来る。参加者は巨大なテントの下でキャンプ生活をしながら、学者の話に耳を傾け、祈りを捧げるのだ。その数は数百万人といわれ、メッカ巡礼「ハッジ」に次いで大規模なイスラム教徒の世界的集会となっている。

イステマが開催される場所は、ダッカの中心部から北へおよそ四〇キロにあるトンギ地区で、ターアッグ川の河畔にある。トンギには鉄道駅がありダッカ中心部から列車で行くことが可能だ。

日常的に混雑するバングラデシュの鉄道ではあるが、イステマ開催期間は混雑が増す。なかでもイステマ期間で最後の祈り「アキリ・ムナジャット」が行われる最終日には、多くの人々で列車は超満員。屋根の上まで人々でいっぱいになる。

その日は、列車の撮影をする手頃な場所を探そうと思い線路際を歩いていた。すると声の大きな初老の男に呼び止められた。彼は教師なのだろうか、周囲には数人の子供たちが集まっており、彼が大きな声で何か言うと、子供たちはその言葉を繰り返した。立派に蓄えられた髭をオレンジ色に染めた彼の風貌は、これまで出会った他のバングラデシュ人よりも生き生きとしていた。そんな彼の表情を撮りたくなった。

身振り手振りでお願いすると、笑顔で快諾してくれた。僕はレンズを望遠に付け替えて、彼のポートレートを撮った。

撮影が終わってお礼を述べると、彼は何か言いながら僕に小銭を渡したのである。

他人からたやすく現金を貰うなど、日本人の感覚には馴染まないものだ。手を振って断ろうとしたが、周りの大人たちも「オーケー」という仕草をした。

受け取った小銭は五タカ硬貨が五枚。その額は日本円して三〇円ほどだが、バングラデシュでお金を貰うとは思わなかった。僕は硬貨を握ったまま、礼を言ってその場を離れた。

再び線路を歩き出すと、昨日出会った小さな少年のことを思い出した。「マネー、マネー」と、街の喧騒にかき消されながら耳に届いた小声が、再び聞こえた気がした。

僕は少年に何も渡さなかった。いや渡そうとしなかったのだ。

「ここでわずかばかりのお金をあげても、少年を根本から救うことにならないだろう」という気持ちがあったからだ。

しかし、昨日と今日で出会う順番が逆だったら、僕は少年にいくばくかのお金を渡しただろう。先ほどの教師に出会って、三〇円の小銭が世の中の潤滑剤になりえるのではないかと思い始めたからだ。

昨日の僕は「貧しい者を救う」などと、大それたことを言い訳にした。さらに「それが不可能である」と自己完結し、「少年を追い返す」という面倒なことを初対面のハビブに押しつけたのだ。

本当に貧しいのは、実は僕の方だったのかも知れないと思った。

উত্তরা গার্লস হাই স্কুল এন্ড

風街

歌う列車

ニルギリ山岳鉄道〈インド〉*Nilgiri Mountain Railway, India 2009*

ふと「今日も列車に乗ることができないのでは…」と思いはじめていた。はやる気持ちを抑えることができず、列車の切符を買う前に、ホームで列車を待つ人々の列に加わってしまっていたのだ。

これから乗ろうとしている「ニルギリ山岳鉄道」は、南インド・タミルナドゥ州に位置する登山鉄道。タミルナドゥ州西部の中心都市であるコインバートル北方約三三キロのメットゥパーラヤムが起点駅。この駅の標高は三二六メートルで、目指すは標高約二二〇〇メートルのニルギリ山地の保養地ウダガマンダラム（ウーティー）。「ブルー・マウンテン」を意味するというニルギリ山地の一部は高原状になっていて、イギリス統治時代の一九世紀半ばに避暑地として拓かれた。今も南インド有数の保養地で、インドの人々が観光や新婚旅行で訪れる人気のエリアとなっている。またニルギリ紅茶の産地としても知られる。何はともあれ、灼熱のインドで高原の涼しい風が吹く場所は、想像しただけでも楽園のようである。

そんな「雲上の楽園」を目指して、メットゥパーラヤムからウダガマンダラムまで建設された鉄道がニルギリ山岳鉄道。全長約四六キロの一部区間、クーヌールまでは急峻な地形を行くため、レールとレールの間にギザギザのラックレールを敷いて機関車の歯車を噛み合わせる「アプト式」と呼ばれる特殊な方式が用いられている。二〇〇五年には、世界遺産に登録された。

世界遺産という肩書きがなくとも、「アプト式」や「蒸気機関車」と聞けば、鉄道好きとしては是非とも乗ってみたいのだ。かつて日本の信越本線横川～軽井沢の碓氷峠《うすい》越えにもアプト式が用いられた時代があった。碓氷峠でアプト式の蒸気機関車が最後に使われたのが大正一〇年頃というから、そんな「タイムスリップ感」を味う絶好のチャンスだ。

しかし、やっかいなことに、メットゥパーラヤムから山へ向かう定期列車は朝7時10分に出発する一日一本のみ。実は前日も乗車を試みたが、この駅へ着いた時には、その日の列車がすでに出発した後だった。お陰で特段に取り柄のない田舎町で一日足止めをされてしまう結果となった。

雲上の楽園の切符

さて、メットゥパーラヤムの登山列車が出発するホームは、すでに長蛇の列ができており、一度列を外れると座れないだろう。もし座れたとしても、切符不所持で乗車を断られる恐れもある。インドの列車では車内で切符を買うことができない。すでに一日を棒に振ったので、もう時間を無駄にしたくない。しばし考えた後、「もうこれしかない」という方法を思いついた。といっても特別な〝技〟というものではない。「他人に荷物を見てもらい、その間に切符を買いに行く」という単純な方法だ。

しかし僕の周りに居るのは見ず知らずのインド人ばかり、友人ならば気軽にお願いで

きるが、一歩間違えば盗難の可能性もありそうだ。

けれど、心配ばかりしていても進めない。ちょうど周りに、元気そうな若者グループが居たので、彼らに荷物をみてもらうことにした。インドでは首を横に振るのがイエスを意味する。若者たちは首を横に振りながら「オーケー！」と、快く引き受けてくれた。

着替えなどの入ったバックパックを彼らにお願いして、僕はカメラバックだけ担いで駅事務室へと走った。

小さな駅舎の窓口で「ウダガマンダラムへ行きたいのですが」と尋ねると、小太りの駅員が鋭い眼光を向けてきた。インドの駅員の威張りようは、これまでも体験済みだったので心の準備はできていた。もう一度同じ言い方で食い下がると、今度は「私が特別に切符を発券しよう」と、如何にも勿体ぶった感じで言われた。蔑《さげす》まれたようで気分は良くないが、これがインド国鉄職員の「定型」と思えば微笑ましくもある。数分後に手書きの切符が〝ポン〟と目の前に差し出された。

切符を受け取り、急いでホームに戻ると、列車がすでに入線していた。先ほどまでホームで待っていた乗客はとっくに車内に入ってしまい、ガランとしたホーム上から僕のバックパックが消えていた……。

一瞬「やられたか」と思ったが、窓からさっきの若者たちが笑顔で手を振っている。車内に入ると窓際の座席にバックパックが置かれていた。彼らは荷物を車内に運び入れてくれたうえに席まで確保してくれたのだ。何とも有難い。お礼を言うと、相変わらず首を横に振って「当然のことをしただけさ」というように、白い歯を見せて笑った。

ジャパニーズソング、プリーズ

朝の陽射しが降り注ぐなか、蒸気機関車に後押しされた列車が、標高二二〇〇メートルの避暑地を目指しゆっくりとホームを離れた。

やや小ぶりの車内を見渡せば、並んだ簡素な座席は満席の状態。顔ぶれは僕の後ろの席にドイツ人の老夫婦が座るのみで、あとはインド人ばかり。この日は連休初日ということで、行楽へ向かうインドの人々の高揚感が車内に充満しているようだった。

しばらくすると、車両の中ほどで男の子と女の子が突然歌い始めた。小学校低学年くらいの二人が、澄んだきれいな歌声を披露すると、周りの大人たちはしばし黙って耳を傾けた。やがて歌い終わると自然に拍手が湧いた。

ところが、この少年少女の歌声が、車内に充満した高揚感に火を付けてしまった。その後、僕の乗った車両は歌声が絶えず「走るカラオケルーム」と化していった。ひとつの車両に何グループが乗っているのだろうか、グループ同士は見ず知らずのはずだが、これではまるで慰安旅行のバスの車内のようだ。

そうこうしているうちに、まさかの出来事が起きた。外国人の僕に歌の順番がまわってきたのだ。

「ジャパニーズソング、プリーズ…」

始発駅で荷物番を引き受けてくれたうえ、席まで確保してくれた若者グループの面々がニッコリと笑いながら首を横に振っている。「さあどうぞ！」とでも言いたげだ。

親切を受けた以上断る訳にもゆかない。咄嗟のことに僕の頭のなかは、この列車を押し上げる機関車の動輪ぐらいのスピードでフル回転した。そこで浮かんだ曲が「与作」だった。何しろここは山岳鉄道、木こりの居る与作の世界だ。それにあのメロディーは如何にも古き佳き日本のイメージで、この場にピッタリだと思った。

さっそく「与作」を歌い始めると、意外にも真剣に僕の歌に耳を傾けてくれているではないか…。カラオケなどで歌っても、決して褒められたことのない僕にとって、それは新鮮で心地の良い瞬間だった。さらに二フレーズ目に「ヘイ、ヘイ、ホー」と歌ったところで、周りの人々が「ヘイ、ヘイ、ホー」と繰り返してくれた。インド人が「与作」を知っているとは思えない。即興でリピートした彼らの才能に感激した。

何とか歌い終わり拍手を貰うと、今度は後ろの席のドイツ人老紳士が歌う番になった。彼も始めは遠慮していたが、意を決したように歌いはじめた。何という名の歌か聞きそびれたが、クラシック音楽か賛美歌を源流にしたような美しいメロディーだった。その歌を聴いた瞬間、なぜだか「負けた!」と思った。

ドイツ人老紳士の歌が終わったところでふと窓の外を見ると、列車はいつの間にか深い森のなかを走っていた。線路の勾配は一層急になっている。

窓を開いて少し顔を出すと、心地良い風に交じって、隣の車両から歌声が聞こえてくるではないか!きっと我が車両の盛り上がりが伝染したに違いない。

ニルギリ山を目指す登山列車は、いつしか列車全体から人々の歌声が響く歌声列車になっていた。

夕暮れに消えた野生のゾウ

　ニルギリ山岳鉄道へ来て三日目、二泊したクーヌールから線路伝いに歩き、山を下りることに決めた。

　クーヌールは、ニルギリ山系の谷間から這い上がり、なだらかな高原状の地形へ出た場所にある。特殊なアプト式蒸気機関車が活躍するのは、麓からクーヌールまでの区間で、沿線を歩きながら、適度な場所で蒸気機関車を撮影しようと思った。

　クーヌールから約一〇キロのヒル・グローブに着いた時には、午後遅くになっていた。駅に掲示されている時刻表を見れば、間もなく山を下りて来る定期列車が到着する時間だった。駅務室の奥から出てきた駅長に聞けば、本日運行される列車はこれが最終だという。その列車に乗って山を下りることができるが、乗らなければ、この小駅に取り残されてしまう……。

　しかし、僕には大きな「心残り」があった。

　ヒル・グローブ駅から麓寄り約三キロにある「オーバーハング」で列車の撮影をしたかったのだ。

　岩石の上部が、列車の屋根近くまで張り出した「オーバーハング」は、如何にも野趣に富んでおり、そこを抜けて走る列車の姿を撮影したいと思っていたのだ。

　早足で歩けば、オーバーハングまで三〇分ほどで到達できそうな距離だ。時間は充分にあるが、撮影してしまうと列車で帰ることが不可能になる。

心のなかで「列車を撮って路頭に迷うか、列車に乗って安全に帰るか」、二つの選択肢が天秤のように大きく揺れた。

そんな心の迷いを察知したのか、駅長が「ここから山を下ったところに道路が通っており、バス停がある」といって、丁寧な文字で、持参したノートにこう書いてくれた。

STATION NAME：HILL GLOVE
BUS STOP NAME：KURUMBADI

「ありがたい、これで列車の撮影をしてもバスに乗れば良い。路頭に迷わずに済みそうだ」

僕はオーバーハングへ行くことに決めた。

ヒル・グローブ駅から線路を歩いてゆくと、次第に薄暗くなってきた。山間を走るニルギリ山岳鉄道は、切れ込んだ小川を鉄橋で渡ったり、素掘りのトンネルを抜けたりした。鉄橋に敷かれた「まくら木」は所々腐食し、弱った部分に誤って乗ると踏み抜いてしまいそうだ。万が一踏み抜いて転落でもしたら、急斜面を勢いよく流れる水流に飲み込まれるだろう。

また、素掘りのトンネル内部には、コウモリが多数群がっていたり、切り通しの上に何やら視線を感じて見上げれば、野生の猿が一列に並んで僕を見下ろしていたりした。

一人でとぼとぼ歩いている場所が、深いジャングルのなかであることに気がつかされ、自然に対する畏怖の念が湧き上がってきた。

その少し不気味な感情を振り払うように急ぎ足で進むと、今度は線路脇の茂みから強い視線を感じた。

視線の先に目を向けると、そこには岩の塊のように巨大な野生のゾウが居た。グレーの顔にふたつの瞳が輝き、こちらの様子をうかがっているようなのだ。

動物園ならともかく、ここは南インドの深い山の中、もちろん檻も柵もない。

相手が人間なら、その表情で、ある程度は考えていることがわかりそうだが、目の前のゾウは何を考えているのか全く想像できない。ゾウにとっては遊びのつもりでも、あの丸太のような足で蹴飛ばされたりしたらひとたまりもないだろう。

旅のなかで遭遇した最大の危機は、事故や強盗に遭ったのが原因ではなく、こうして野生のゾウを目の前にして初めて現実味を持って立ち現れたのだ。

「お願いだから、こっちにこないでくれ!!」

そう心のなかで祈りながら静かにゾウの横を通り抜けた。ゾウとの距離は目測で一〇メートルほどだった。

どうにか最大の難関を越えて、目的のオーバーハングにたどり着くと、束ねた木の枝を頭上に載せた女性が線路の向こうからやって来て、ゆっくりとすれ違った。

鮮やかなピンクの衣装を纏った後ろ姿が、色彩を失いかけた夕暮れのなかに消えて行く光景が、世の幻のように見えた。

「死の鉄道」のブチ犬くん

ナムトック線〈タイ〉*Nam Tok-line, Thai 2015*

カンチャナブリーから終点のナムトックへ向かう列車は、長い警笛を鳴らして速度を落とした。

列車は間もなく、右側が切り立った崖、左側はゆったりと流れるクウェーノーイ川を見下ろす場所に差し掛かった。列車が慎重に進入してゆくのは「タムクラセー橋梁」と呼ばれる桟道橋《さんどうばし》で、木材を組んだ橋脚が線路を支えている。列車が通ると木組みの橋脚が軋み、ギシギシと音をたてた。

現在ナムトック線と呼ばれるこの路線は、第二次世界大戦中に、日本軍がタイとビルマ（ミャンマー）の間に突貫工事で建設した「泰緬《たいめん》鉄道」の一部である。日本軍はマレー作戦、タイ王国進駐などとともに、ビルマへの侵攻を行っていた。ビルマを制圧することで、連合国側から中国・雲南への補給路を断つのも目的だった。その後、ビルマとの国境にあるインドのインパールに拠点を置くイギリス軍への攻撃を画策。戦局が悪化しつつある日本軍が局面の打開を目指した。これは後に「インパール作戦」と呼ばれ、無謀な進軍を続けたことで多くの犠牲者を出す結果となった。

これらの作戦に連動して、連合国軍の潜水艇が潜むマラッカ海峡を通らず、タイからビルマへ、陸路の安定した補給ルートの確保を目的として泰緬鉄道の建設が急務とされた。

泰緬鉄道の建設工事は一九四二年にタイ、ビルマの両側からはじまった。技術者の計算では、完成まで五年はかかるとされたが、わずか一六カ月後の一九四三年一〇月に全通した。しかし、その過酷な環境は、建設作業に従事する捕虜らにとって、心と身体に深く傷を残す結果となった。

泰緬鉄道の建設に従事したのは、イギリス、オランダ、オーストラリアなど連合国軍の捕虜に加え、ビルマ、タイ、マレーシア、インドネシア、ベトナムなどのアジア各地から募集や徴用により集められた人々（「ロームシャ」と呼ばれた）だった。

熱帯の山間部にある作業現場では、食糧不足のなかで栄養失調、飢餓に見舞われた末、雨期に発生したコレラ、マラリアなど熱帯特有の疫病が蔓延する。

六万人を越える連合軍捕虜のうち、一万人以上もの命が失われた。またアジア各地から集められたロームシャは、出身や氏名はおろか、正確な死者数すらも判明されぬままだという。数万人が命を落としたとの説もあるが、捕虜を含めて正確な犠牲者数は分からない。日本軍兵士の死者も千人を数え、泰緬鉄道は別名「デス・レールウェイ＝死の鉄道」と呼ばれている。

この出来事は、映画『戦場に架ける橋』や、近年では『レイルウエイ 運命の旅路』などの舞台にもなった。映画の内容が史実に基づいているかはともかく、何かと話題にのぼるのがこの泰緬鉄道である。

残酷さと優しさの同居

泰緬鉄道は全長四一五キロあった。戦後は一時休止となったが、タイ側の約一三〇キロを再整備のうえ現在はナムトック線として運行されている。

かつて戦場だった沿線も、今は観光地として賑わいを見せる。クウェーノーイ川の川岸にはバンガローやゲストハウスがたち、バンコクから比較的近いせいもあって、週末には多くのレジャー客で混雑するほどだ。乗車した列車には、欧米人とタイ人観光客がほぼ半々という割合だった。

ゆっくりとした速度でタムクラセー橋梁を渡り終えると、列車はタムクラセー駅に到着した。ここで下車し橋梁を訪ねることにした。

橋のたもとに着くと、線路の上に一匹の犬が寝ているのを発見した。白黒ぶち模様の犬は、付近の露店が世話しているのか、はたまた野良なのかは不明だが、線路の真ん中がお気に入りのようだ。橋の上に敷かれたレールとレールの間に堂々と寝そべっている。

列車は一日に数本が通るだけなので、安心して寝ているのかと思いきや、この鉄橋は列車よりも、むしろ人間の往来の方が格段に多い。日中は、ほぼ引っ切りなしに人間が通るような感じだ。

線路の上を歩くなど、日本では信じられないと思うが、ここタイでは寛容なのだ。加えてここが観光地ということで、橋梁の上を歩いても全く咎《とが》められない。

ただし、列車の接近を気にしていないと大変なことになる。偶然に列車と遭遇しようものなら、映画『スタンドバイミー』のワンシーンのようになってしまうだろう。

さて、ブチ犬くんは微動だにせず、線路にうずくまったまま。

有名な観光地だけあって、タイ人はもちろん、欧米人、アジア人らの観光客が次々とやって来る。線路を歩く行為が非日常的で楽しいのか、観光客は線路の上に立ち止まって川を眺めたり、写真を撮ったりしている。

やがて、人々の多くは、線路の真ん中で寝ているブチ犬くんの存在に気がつく。橋に柵はなく、犬を除けて通るには、危なっかしい橋の両端を歩かなければならない。どうするのか見ていると、多くの人々は、ちょっと微笑みながら上手にぶち犬くんを避けて線路の外側を歩いていた。

ブチ犬くんを追い払ったり、ましてや蹴っ飛ばしたりする者は誰一人として居ない。そんな様子をずっと眺めていた。

七〇年以上も昔、戦争の下で敵と味方、支配する側、支配される側に分かれ、憎しみ会い、殺し合いが行われた悲しい過去の事実がある。

そんな残酷さと同時に、人間はこうして微笑みながら犬を避けて歩く優しさを、心のなかに同居させているのだろう。

線路の間や脇で悠々と午睡にふけるブチ犬くんは、そんなことをすでにお見通しなのかも知れない。

大草原の鉄みち

ホンホル〈モンゴル〉*Khonkhor, Mongol 2014*

モンゴルの首都ウランバートルから南東へ約三〇キロに位置する小さな街ホンホル。草原のなか、家々が身を寄せ合うようにして集落を形成している。

モンゴルといえば、地平線まで草原が広がるような、真っ平らな地形を思い浮かべるかも知れない。しかし、ここホンホルの周囲には、低い山地が続いている。

ウランバートルは、四方を山々に囲まれた盆地に発展してきた。このため、ウランバートルから移動する場合は、すり鉢状となった盆地の底から這い上がるようなイメージになる。

ホンホルはちょうど盆地から丘陵地帯へ入る場所にある。一見急坂には見えないが、線路は大カーブを繰り返す線形で勾配をやわらげている。鉱石など重量のある貨物列車が多数通るので急坂を避けて敷かれているのだ。

ホンホルの集落を通り抜け、草原を横切って山の斜面によじ登ると、モンゴル鉄道のレールが馬の蹄のような形に大きくうねっていているのが見えた。

強い風が止むと、辺りは静寂に包まれ、自分の呼吸する音以外聞こえなくなった。

斜面には背丈の低い植物が山肌を覆い、所々に岩場が突き出ている。見晴らしの良い岩の上でカメラを構えていると、耳鳴りのように「ゴーッ」という音が、微かに響いてきた。

貨物列車をけん引するディーゼル機関車のエンジンが空気を震わせ、その鼓動が彼方から伝わってきたのだ。

やがて地を這う大蛇のように、長い貨物列車が身をくねらせながら、幾度もカーブを繰り返してやってきた。列車はゆっくりとホンホル駅を通過、しばらくして、エンジンの咆哮を轟かせながら、目の前に敷かれた線路を通り過ぎていった。八〇両編成の鉱石列車は長く、眼下に広がる馬蹄形カーブを埋めた。

そんな壮大な風景にすっかり魅せられてしまった。撮影できそうな場所を求め、山の斜面を移動しながら撮影をしていると、あっという間に時間が過ぎて太陽が西へ傾いていった。

街外れにある路線バスのバス停までは、徒歩で一時間はかかりそうだ。暗くなる前に山を降りて帰路に就くことにした。

草原のなかを歩くと、放牧の馬たちが群れを成して駆けて行った。「アドーチン」と呼ばれる馬飼いの男たちが馬に跨がり、馬の群れを器用に導いてゆく。

ホンホルの街に入れば、路地で遊んでいた少年たちが、僕の姿を見つけると、少し恥ずかしそうにしながら近寄ってきた。日本人にも居そうな顔立ちが、とても親しみやすい。ハナ垂れ小僧だった少年の頃の自分や、友人の顔を思い浮かべていた。

そんな少年たちの写真を撮らせて貰い、街外れのバス停へ向かって歩いた。少年たちは、僕の姿が見えなくなるまで、ずっと手を振り続けていた。

熱帯雨林のオンボロ客車

東海岸線〈マレーシア〉*East Coast-Line, Malaysia 1999*

男の唸る声で目が覚めた。それはかなりの音圧で耳に響いた。どうやら音声は街頭のスピーカーから流されているようだ。

枕元に置いた腕時計を見ると、まだ午前六時を過ぎたばかり。六月というのに外はまだ真っ暗だ。

夜明け前の街に突然響き渡った男の声は、独特な抑揚を持っており、何か呼びかけるような、或いは祈るような感情を持って聞こえた。寝起き直後のぼんやりした意識のまま聞くと、別の世界へ引き込まれそうな不思議な感覚に包まれた。それが、イスラム教のモスクへの礼拝を促す「アザーン」と呼ばれるものだと知ったのは、その後しばらくしてからだった。

強烈な〝目覚まし〟のおかげで、自分が何処に居るのか一瞬わからなくなった。薄明かりのかなで部屋を見渡すと、これまでも何度かアジアを一緒に旅してきたSさんが隣のベッドに寝ていた。その姿を見て、ようやくマレーシアのグマスという片田舎に居ることに気がついた。

首都のクアラルンプールから南へ約一七五キロ、グマス駅前の安宿に飛び込んだのは昨日夕方のことだ。

グマスは小さな街で、立派なホテルなどは皆無である。日本でいう民宿規模のホテルが二〜三軒あるのみ。それも、外観上は「本当に営業しているのかい？」と思わず問いかけてしまいそうな宿屋ばかり。看板は色あせ、全く活気が感じられない。僕らが投宿したのは、華僑系の年老いた夫婦が経営する宿で、看板に漢字が併記されていた。

ではなぜ、このような名も知れぬ小さな街に宿泊したのか？　もちろん理由があった。マレーシアの鉄道は北のタイ国境から、バタワース、クアラルンプールを経由し、シンガポールとの国境ジョホールバルへ至る「西海岸線」（パダンブサール〜ブキッ・ムルタジャム間は「ケダ線」）が最も主要な幹線である。この路線にはタイとの間に国際列車が運転され、また、かつてはクアラルンプールとシンガポールの間にも国際列車が運行されていた。

この主要幹線である「西海岸線」の途中駅から分岐し、マレー半島の中央部をほぼ南北に縦断する「東海岸線」という別の幹線鉄道がある。これら西海岸線と東海岸線という、マレーシア鉄道の二大幹線が交わるジャンクションが「グマス」なのだ。

東海岸線はグマスから、マレーシア北東でタイと国境を接する、クランタン州の港町トゥンパまでを結んでいる。濃密な熱帯雨林のなかを走ることから「ジャングル・レイルウェイ」とも呼ばれる。

この東海岸線にはシンガポールやクアラルンプールからの優等列車が運行されているが、時刻表に約一四時間かけて東海岸線の全線を走り通すＭ92という名前のローカル列車を見つけた。

シンガポールやクアラルンプールからの列車は、東海岸線の区間が夜行となっている。せっかく乗車するのに、夜間に走るのでは車窓風景が楽しめそうもない。これに対して、M92が走るのはほぼ日中の時間帯だ。

ジャングルのなかを、一日がかりでのんびりと走るローカル列車。そんな光景を想像すると、どうしてもM92に乗りたくなった。

ところが、M92のグマス発は朝の7時30分。西海岸線の列車から接続する適当な列車がない。お目当ての列車に乗るため、わざわざグマスに宿泊する必要があったという訳だ。

ジャングルのローカル列車

出立の支度を整えて駅へ向かうと、駅前の食堂には朝食目当ての人々が集っていた。「朝メシでも」とSさんに促されて食堂に入ると、朝からカレーのメニュー。「ロティ・チャナイ」というインド系マレーシア人の定番料理だった。

ロティは小麦粉の生地を薄く焼いたもの。日本の小麦粉と違い、小麦そのものの味がする。カレーは隣国のタイと同じようなテイストかと思ったが、スパイスの種類が全く違った。インド系なのだから当然なのかも知れないが、隣の国との味の違いに驚く。

朝食を食べ終わり、いよいよM92の待つ駅のホームへ。薄い鱗雲が広がる南国の空がマゼンタ色に染まってきた。

M92は非冷房車が一両、エアコン車が二両、貨車が一両、そして、ビュフェ車が一両という出で立ち。僕らのお目当ては「非冷房車」である。エアコンの効いた列車なら日本でも乗ることができる。窓を開けて、その土地の風に吹かれながら列車に揺られるのが、アジアの列車旅の醍醐味なのだ。

しかし、非冷房車に足を踏み入れて、車内の荒れように驚愕した。荒廃の度合いは「廃車体ではないだろうか？」と思えるほどだった。

汚れて黒ずんだ座席はところどころ破れてボロボロ。窓は半分開いたまま壊れて動かない。扇風機があるがスイッチを入れても回ろうとしない。さらに、トンネルに入った時に気がついたのだが、車内灯が装備されていなかった。おかげでトンネル内では真っ暗闇を味わうことになった。

そんな〝オンボロ客車〟の車内を改めて見渡すと、廃車体が「ウエルカム」と言っているようで、少し寒気がした。

信用できない時刻表

「ジャングル・レイルウェイ」を一〇時間以上かけて走破するM92は、始発駅のグマスを出て間もなく、濃い緑に包まれた。等間隔に植えられたゴムの木や椰子の木が広がるプランテーションと、人煙の感じられない熱帯雨林が交互に車窓を過ぎて行く。

一両だけ連結された非冷房客車に好んで乗る奇特な者は誰も居ない。Sさんと二人の貸し切り状態だ。客車の壊れた窓からは、早朝のしっとりとした風が吹き込んでくる。名前は知らないが「熱帯に根をはって生きているぞ」と主張するような木々の枝が迫り、バチバチと車体を擦ってゆく。

そんな濃密に生い茂る樹林のなかに小さな駅が現れ、チャドルを被った女学生が列車を待っていた。彼女らが乗り込んでいったのは、もちろん前方のエアコン車の方である。駅構内に植えられたブーゲンビリアは、いっぱいに花を咲かせ風に揺れている。窓から手を伸ばせば、花びらに届きそうに近い。一度慣れてしまえば、こんなオンボロ客車の旅もなかなか悪くない。

クアラルンプール駅で入手した時刻表を広げると、列車が少しずつ早着・早発していることに気がついた。グマスから三時間半、ジェラントゥートという駅に到着した。時刻表の発車時刻は11時54分になっているが、時計は11時10分を指していた。

「一時間近くも停車時間があるのなら、駅の周辺でもぶらつこうか」と思ったが、外に出なくて正解だった。列車は一五分だけ停車し、11時25分に発車したのだ。危うく途中駅に取り残されるところだった。鉄道の場合、早着や遅延はあっても「早発」は珍しい。時刻表は二カ月前に発行されたもので、決して古いものではないのだが、ダイヤが変わったのだろうか。

ジェラントゥートを出てしばらくすると、車窓にはパハン川が寄り添ってきた。マレーシアの半島部分で最長の水量豊かな大河である。「黄土色」の絵の具を水に溶いたような水が、ゆったりとカーブを描いて流れ「ジャングル・レイルウェイ」の気分が上がってくる。

しばらくパハン川に沿って走ると、沿線でも大きな街のクアラ・リピスに到着した。時計は一二時半だが、時刻表では13時41分の発車となっている。

13A
13B
14B

「一時間も早い！」と戸惑っていると、車掌が「ランチタイムです！」と言って、運転士も他の乗客とともに食堂のある駅舎の方へ消えてしまった。

乗務員のランチタイムが列車ダイヤにスケジューリングされているのだろうか？　そう思うと、ここまで相次いだ早着も「ランチを少しでも長くとる為の策略？」と疑ってしまう。このクアラ・リピスへ早く到着すればするほど、乗務員たちの食事と休息の時間が長くなるのだ。

駅前の食堂で昼食をとっても良かったのだが、適当な食料を調達し、すでに住処となったオンボロ客車の車内で食べることにした。

車掌に出発時刻を訪ねたところ、満面の笑顔で「一時間後！」と答えたが、ジェラントゥートのように早発されたらたまらない。親切ではあるが、アバウトなマレーシアのダイヤが信じられなくなっていた。

ガラムおじさん

駅の売店で買った、揚げたバナナとコーラという軽い昼食を食べていると再び「アザーン」が聞こえてきた。駅裏には金色の屋根を載せたモスクが建っていた。アザーンはモスクのスピーカーから流れてきた。

薄暗い宿屋の寝床で耳に届いたアザーンは、どこか遠くの世界へ引き込まれそうだったが、真昼の炎天下で流れてきた声は、物憂げな響きを持って耳に届いた。

結局、列車がクアラ・リピスを発車したのは13時52分で時刻表の表記よりも一一分の遅延。マレーシアの列車ダイヤは一筋縄ではゆかないようだ。もはや手元の時刻表は無視することにした。

沿線には小さな街が点在しているのだろう、我がオンボロ客車にも学生やおじさん、おばさんが乗り込んで、賑わってきた。

僕の席の後ろから、強烈な甘ったるい匂が流れてきたので振り返ると、一人のおじさんがタバコを燻《くゆ》らせていた。「ガラム」と呼ばれるインドネシアのタバコだ。香辛料の一種である「クローブ」を使ったもので、その匂いは独特。振り向きついでに挨拶すると、顔をシワだらけにして笑ってくれた。

その〝ガラムおじさん〟は、しきりに窓の外を眺めていた。「何か珍しい風景でもあるのだろうか?」と、一緒に上半身を乗り出して窓の外を眺めた。やがて白い岩山が見えた時、ガラムおじさんは「グア、ムサン」と岩山を指さしながら言った。

グア・ムサン駅は切り立った岩山の下にあった。岩山を自分の下車する目印にしていたのだろう、ガラムおじさんは手を振りながら列車を降りていった。

やがて、車内灯のないオンボロ客車は日暮れとともに薄暗くなってきた。このまま乗っていたら、真っ暗になるだろう。

子どもの頃にテレビで見た「8時だョ!全員集合」という番組のなかで、「もしもこんな車掌が居たら」というコントがあった。車掌に扮した志村けんが、列車がトンネルに入って真っ暗になった隙に乗客のカップ酒を飲んで酔っ払うというものだった。

もちろん日本の列車はトンネル内で真っ暗にはならないが、このM92では本当に真っ暗になった。往年のコントを思い出したりしたが、Sさんと僕はさすがに飽きてしまった。このままオンボロ客車に居ても仕方がない、車内灯のあるエアコン車に移動し、今後の作戦を練ることにした。

車掌に情報を聞いた結果、終点のトゥンパには宿泊できる宿がないとのこと。「コタバルへ行きなさい」と車掌は言った。コタバルはクランタン州の州都で、周辺では最も大きな街だ。

コタバルへの最寄り駅は「パシル・マス」という駅になる。僕らはこの駅で下車して、タクシーを拾いコタバルを目指すことにした。

時計は一九時半を過ぎていたが、外はまだ薄明るかった。タクシーの窓から、M92列車がパシル・マスの駅をゆっくりと出発して行くのが見えた。

「さらばオンボロ客車！」

僕は心のなかで呟いた。

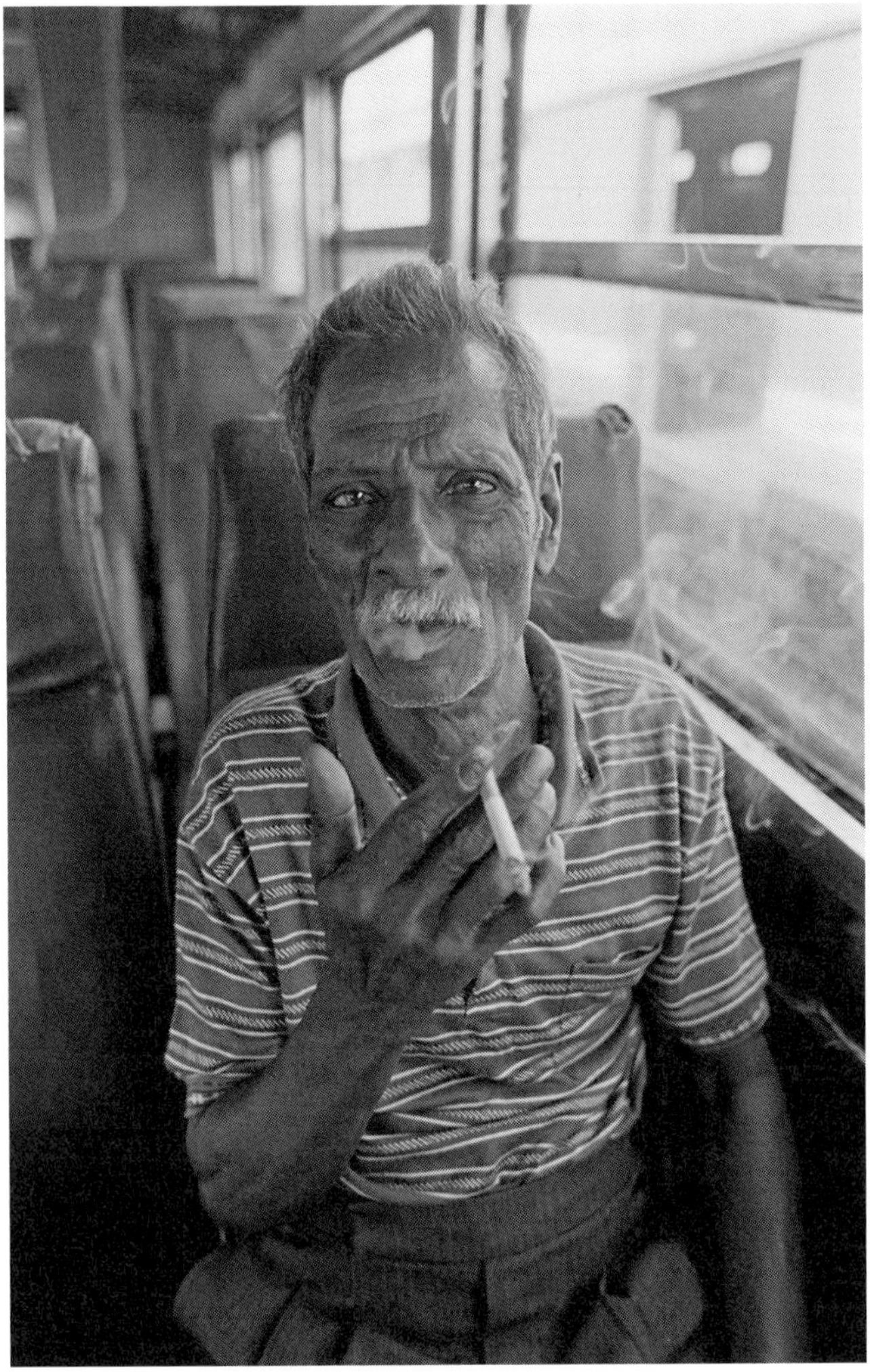

大鉄橋

チクバン鉄橋〈インドネシア〉*Cikubang Bridge, Indonesia 2010*

アジアの旅をはじめた一九九〇年代初頭、旅の情報源はガイドブックが主流だった。アジアの鉄道事情は欧米と比べて把握しにくいのだろう、僕が「乗りたい」と考えるようなローカル列車はガイドブックでは割愛されている場合が多かった。すでに運行を止めて久しい路線に「列車の運行がある」と表記されていた例もあった。

その後、インターネットが普及し、情報源や旅の方法が大きく変化した。

今では、各国の鉄道会社のホームページで、時刻表を閲覧することが可能になった。また、訪問者のブログやSNSなどで現地の様子を写真で簡単に見ることもできる。パソコンのモニターに映し出された画像を見て、「行ってみたいな」と思うことも多い。

ある時、インドネシアの山奥にある高い鉄橋の写真を見て一目惚れしてしまった。橋の名前を「チクバン鉄橋」と言った。

鋼材を組んだ橋脚が橋桁を支える姿が、日本の山陰本線にある「余部橋梁《あまるべ》」とそっくりだったのだ。ちょうどその頃、余部橋梁はコンクリート製の新しい橋に架け替えられようとしていた。

僕はチクバン鉄橋を「インドネシアの余部橋梁」と勝手に名付け、訪問の計画をたてた。インターネットで得られる情報とともに、グーグルアースなどの航空写真はロケハン

の強い味方になる。全世界のほとんどの場所の詳細な俯瞰写真を、自宅の部屋に居ながらにして見ることができるのだから、世の中は便利になった。チクバン鉄橋も航空写真で確認できた。山間部に架けられた大鉄橋は、大きな影を深い谷間に落とし、航空写真でも存在感があった。

ところが、航空写真で眺めるのと、実際に現地へ行くのとでは全く違う。予想もしない場面に遭遇する場合もある。

足裏に残る「轟音」

余部橋梁がコンクリート橋に切り替えられた翌月、友人と二人でインドネシアへ向かった。

チクバン鉄橋はオランダ統治下の一九〇六年に完成した。長さ三〇〇メートル、高さ八〇メートルあり、インドネシアでは最大規模の鉄道橋だ。首都ジャカルタから南東へ約三〇〇キロ、山間部にある大都市バンドンへ至る途中にある。まずはバンドンへ行き、そこを起点に鉄橋を訪問することにした。

チクバン鉄橋の最寄り駅は「ササクサート駅」で、この駅を利用すれば徒歩で訪ねることができそうだった。しかし、バンドン方面からササクサートに停車するローカル列車は朝夕二本しか存在しない。このため、バンドンから途中のパダララン駅まで通勤列車で行き、アンコタと呼ばれる乗り合いタクシーへ乗り換える行程をとった。

アンコタは橋の近くまで行ってくれたが、チクバン鉄橋の袂へ辿り着く為には、最後

は線路脇を歩かなければならない。

最大の問題は、チクバンの手前にある「ササクサート鉄橋」を徒歩で渡らなければならないこと。この鉄橋、長さこそはチクバン鉄橋ほどではないが、同じような高さで同じスタイルの橋脚が並んでいる。

チクバン鉄橋もそうだが、ササクサート鉄橋も地元の人々は平気な顔で歩いている。もし鉄橋上で列車と遭遇したら、列車から逃れるために、約三～四〇メートルの間隔で設置されている「待避所」へ逃げ込まなければならない。

地元の人たちは平気なのだろうかと、心配をしていたら、自分たちがその目に遭ってしまった。

撮影を終えた帰り道、ササクサート鉄橋を歩いていたところ、三分の二ほど進んだところで何気なく振り返ると、遠く見えるチクバン鉄橋の上を、列車がこちらに向かって走ってくるのが見えた。僕と友人は慌てて「待避所」を目指した。列車はグングン迫って来たが、何とか難を逃れた。

狭い待避所で身を屈めていると、少しして急行列車が轟音とともに通過していった。列車が通過した時に感じた金属の重々しい振動は、今も足の裏に残っている。

峠越えに乾杯

ハノイ〜ダナン〈ベトナム〉*Vietnam Railways, Vietnam 2006*

同じアジアの列車でも、特急列車のような優等列車は案外退屈だ。小さな駅は通過するし、乗客の入れ替わりもあまりない。エアコンの効いた車内では、昼間でも寝て過ごす乗客が大半で、車内は至って静か。日本の新幹線に乗っているのと大差はない。

ハノイから乗車したSE3は、首都のハノイから南部にある最大都市ホーチミンを結ぶ。「統一鉄道」と呼ばれる一七二六キロの南北縦貫線を、二九時間三〇分かけて走る。一二両編成のうち九両が寝台車、残る三両が座席車という編成で、寝台車の割合が高いことから推測すると、ベトナム屈指の優等列車であるのは間違いない。この列車では寝台ではなく希少な普通座席車の一席を確保した。

「何を好き好んで、わざわざ座席車などに?」

そう思われるかも知れない。しかし、寝台車では、乗客が寝台にこもってしまい、コミュニケーションの機会がぐんと少なくなる。これに比べ座席車の方はオープンなため、乗客との交流の機会が増える。

これまでの経験上、夜行列車では寝台車より座席車の方が様々な人々と話すことができると実感してきた。ただし座席車を利用すれば熟睡することができない。体力の消耗を覚悟しなければならないという辛さも伴うのだが。

さて、乗車した座席車は座席を回転することができない。車端から車両中央に向いた一方向に固定されている、俗にいう〝集団お見合い〟タイプの車両。指定されたのは車両のど真ん中の座席で、集団お見合いのなかでも、向かいの人と至近距離でお見合いする唯一のボックス席だった。

向かい合わせになったのは、髪の毛に白いものが交じる五〇代くらいと思しき女性。隣はその娘さんだろうか、顔立ちのよく似た若い女性が座っていた。

出発が23時00分と夜遅いため、発車してすぐ車内は就寝態勢の雰囲気となった。いくらコミュニケーションのとりやすい座席車とはいえ、周りの人々とは軽く挨拶した程度で、誰とも会話をしないまま消灯の時を迎えた。

ローカル列車の乾杯

やがて朝が来て明るくなると、周りの乗客とも次第に打ち解けてきた。

向かいの親子とは言葉が通じないが、会話帳を広げてコミュニケーションを試みたりしながら過ごした。

それでも、やはりこのような優等列車は退屈で、僕はベトナム中部のフエでSE3を途中下車し、ローカル列車に乗り換えることにした。

「フエから中部の大都市ダナンまでの間にローカル列車が運行される」と、以前ベトナムを訪れた知人から聞いたことがあった。ただしこのローカル列車、ガイドブックはもちろん、首都のハノイ駅でも運行情報を得ることができなかった。

そんな状況だが、とりあえずローカル列車の始発駅となるフエまで行ってみることにした。もし、目的のローカル列車がなくても、他の列車でホーチミンへ南下すれば良いのだし、フエは古都の観光地だから一泊ぐらい滞在しても良いだろう。

ＳＥ３は正午過ぎにフエに到着した。

列車を降りて駅前広場に出ると、一人のおじさんに「何処へ行きたい？」と声を掛けられた。

「ローカル列車でダナンへ行きたい」と答えると、「それなら13時15分発車だよ」と、壁に貼られた時刻表を指さして教えてくれた。どうやらローカル列車は本当に走っているようだ。

時刻表で確認すると、目当てのダナン行きは「ＤＨ１」という列車番号。Ｄはダナン、Ｈはフエなのだろう。終点のダナンには17時55分到着とある。

切符は何処で買うのだろうか、窓口が見当たらない。先ほどのおじさんに尋ねると、屋外に面した、明らかに優等列車用のそれとは別の窓口へ案内してくれた。

ＤＨ１の発車時間が迫り、ホームに横付けされた少し古びた客車に乗り込む。車内には使い込まれ、やや黒ずんだ木製ベンチのような座席が並んでいた。ハノイからの優等列車とは違い、客車の車内空間にはジックリと積み重ねられた生活感が染みこんでいる。

行商人の大きな荷物が持ち込まれ、何処からか磯の匂いが漂ってきた。こんなローカル列車の〝ザワザワ感〟がたまらなく好きだ。

列車が動き出すと、斜め前のボックス席で二人の青年が興味津々という感じでこちらを見ていることに気がついた。

「シンチャオ《こんにちは》」と挨拶すると「こっち、こっち！」という感じで手招きされた。

二人はフエの農業大学に通う学生で、名前はニャンくんとトンくん。普段は寮生活をしているが、今日はひと月ぶりに実家へ帰省するのだという。こざっぱりと爽やかで人懐っこいニャンくんと、シャイでオシャレなトンくんのコンビ。二人とも共通しているのは笑顔がやさしいこと。

席を移るまで気がつかなかったが、彼らの座るボックス席の窓辺には何本かの缶ビールが並んでいて、使い捨てのコップにビールが注がれていた。

そのコップを手渡され「モッ《ワン》、ハイ《ツー》、バー《スリー》、ヨォ!!」と乾杯。ベトナムでは乾杯の掛け声が「ヨォ！」ということをニャンくんが教えてくれた。

ようやくたどり着くことができたローカル列車旅のスタートに、ビールでの乾杯が待っていたとは……。

雲海列車

時刻表にもないＤＨ１は平坦な田園地帯を走る。

開け放した窓から吹き込んでくる風が心地よい。ベトナムの非冷房客車の窓には金網がついている。この金網さえなければと思うが、「ベトナムでは子供が列車に向けて投石をするイタズラがある」とニャンくんが言う。外の風景を見ようと金網を開けていると、通りかかった車掌に「閉めなさい」と注意された。

特急列車ではアッサリと通過してしまう小さな駅にも、DH1は丹念に停車してゆく。列車の到着を待っていたかのように、物売りが列車に窓辺に群がる。

静かな入り江に面した「ランコー」という小さな駅では、日本でもお馴染のイカの〝スルメ〟が盛んに売られていた。ニャンくんが窓から一束買い求めていた。スルメを10枚ほど束ねた紐が如何にも素朴だ。

賑やかなランコー駅を出ると、列車は統一鉄道最大の難所と言われる「ハイヴァン峠」へと入る。車窓左手には目にも鮮やかな南シナ海の海原が広がってくる。もはや沿線には民家すら見当たらないので投石の心配もないだろう。邪魔な金網を目一杯に開けて、風景を存分に楽しむことにした。

山塊が行き場を失いそのまま海に落ち込んだような、険しい地形のハイヴァン峠。ガイドブックを開くとベトナム語で「ハイ＝海」「ヴァン＝雲」を意味するという。眼下に広がる「雲海」を言い表した峠の名前は、それだけで雄大で険しい風景を思わせてくれる。

線路は山塊の縁にうねるように敷かれ、列車は海に落ちないように慎重に進んで行く。海の景色に目を奪われがちだが、勾配も険しさを増しているようで、先頭で列車を牽くディーゼル機関車はパワー全開とばかりに激しく黒煙を吐き上げている。

山越えでありながら、こんなに海が接近する峠も珍しいのではないだろうか。気がつくと列車はかなりの高さから海を見下ろすポイントに達していた。峠のサミットと思われる場所には、山越えの鉄道でしばしば見られる「スイッチバック」の駅があり、列車の最後尾にもディーゼル機関車を連結した長い貨物列車が待避していた。

峠を過ぎて勾配を下ると、今度は白砂が弧を描くビーチも現れた。日本ならば大規模な観光地としてリゾート開発されていそうだが、ビーチに人影はない。

ハイヴァン峠を越えたＤＨ１は、定刻より少し早めにダナンに到着した。

「ニャンくん、トンくん楽しいひとときをありがとう」と、握手を交わしてアドレスなどを交換していると、ニャンくんが「今夜一緒にビールを飲みませんか」と誘ってくれた。

数時間後ホテルに迎えに来たニャンくんのバイクの後ろに乗った。バイクは夕暮れの風を切って走り、町外れの小さな飲み屋の前に停車した。飲み屋にはすでに二人の友達も大勢集まっていた。

「ヨォ！」のかけ声で乾杯。夜遅くまで賑やかな一夜となった。

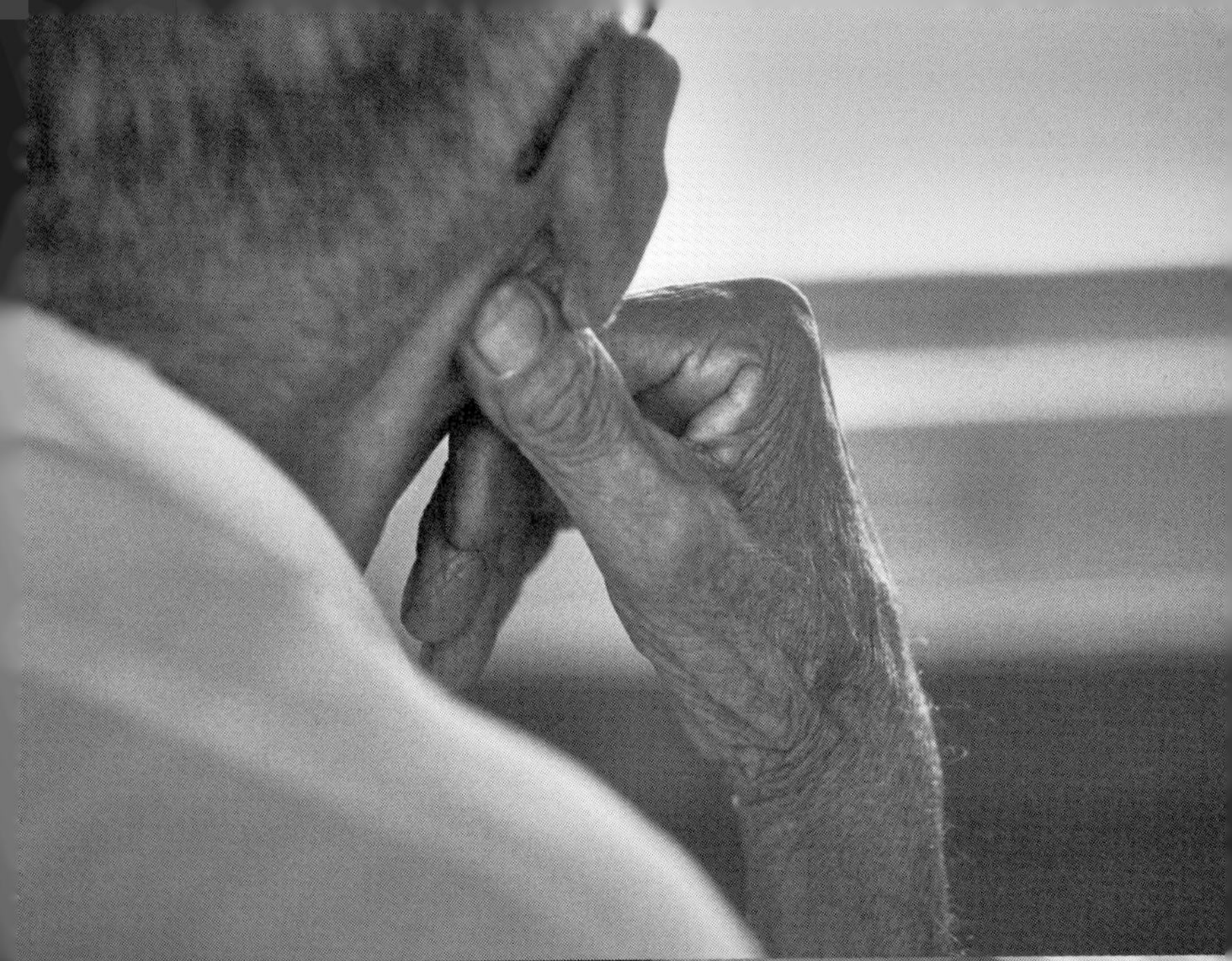

昔日

#「ひとたび」の始まり

タイの鉄道〈タイ〉*State Railway of Thailand, Thai 1994/1996*

タイの東北地方は「イサーン」と呼ばれている。古都チェンマイのある北部地方や、マレー半島の一部である南部地方などにはこのような呼び名は見当たらない。けれど東北地方だけは「イサーン」の呼び名がしばしば使用される。

ガイドブックによれば、イサーンはコラート台地上にある乾燥した土地だと説明される。農耕地が多いが近代化が遅れたこともあり、イサーンの若者がバンコクなど大都市の労働力の担い手となっているという。

農村部からの出稼ぎと聞けば、四〇年以上も昔の日本の東北地方を思い出させる。同じ「東北地方」ということもあって、山形出身の僕には「イサーン」の呼び名が「みちのく」と同類の響きに聞こえた。さらにイサーンに通じるタイ国鉄の線路は直訳すると「東北本線」という名称だ。

そんな幾つもの要因によって、僕はイサーンにただならぬ親しみを感じていた。一九九四年の夏に初めてタイを旅した時、真っ先に目指したのがイサーンだった。ラオスとの国境にある、東北本線の北の終点ノーンカイが最初の旅の目的地。また、その旅は僕にとって初めての海外旅行だった。鉄道雑誌の編集者で友人のSさんが、初めての

海外旅行でもあった僕を何かとサポートしてくれた。

東北の味、ガイヤーン

今でも忘れられないのは、その旅の初っ端のこと。

当時のバンコク国際空港は、ドンムアン空港が使用されていた。ドンムアン空港の横にはタイ国鉄の幹線が通っており、ターミナルから幅の広い幹線道路を挟んだ場所にドンムアン駅が置かれている。さっそく列車を利用してバンコクの市街地へ行くことにした。ドンムアン駅で列車を待っていると、薄暗い夜の線路の向こうにヘッドライトが輝き、やがて列車が到着した。目の前に停車したのは、地方からやって来た長距離列車だった。幾らかの乗客が下車したようで、空いた席に腰を下ろすと列車は静かに走り出した。

乗客の多くは長旅の疲れに静かに身体を休めているが、物売りだけは掛け声も元気に往来していた。

Sさんは慣れた調子で一人の売り子を呼び止め、大きな竹串に挟まれた焼き鳥と、小ぶりなビニール袋に詰った餅米を買った。売り子から焼き鳥と餅米を受け取ったSさんは、おもむろに、それを食べはじめた。僕も真似して食べることにした。

焼き鳥は、醤油風味の少し甘いタレが染み、炭で焼いた匂いも香ばしく美味かった。一方の餅米は、やや固めながら、米の持つ甘みが十二分に感じられる。素朴ながら深い味に驚かされた。

それがイサーンを代表する料理「ガイヤーン」と、主食の「カオニャオ」だとSさんが教えてくれた。彼のおかげで、僕はタイ到着後早くも、目指すイサーンの味に触れることができたのだ。

食べ始めると、向かいのボックス席から一人の男が何か話しかけてきた。タイ語が全く分からなかったので、Sさんが身振り手振りで場を取り繕った。そんなやり取りが面白かったのだろう、長旅で疲れたような表情をしていた周囲の人々が微笑んでいた。

窓から吹き込んでくる甘ったるいような熱帯の夜風、聞き慣れないタイ語のさざめき、少し薄暗い長距離列車の雰囲気、初めて口にするガイヤーンとカオニャオの味……。二〇代前半の頃「いつか海外の列車で旅したい」と切に思っていたが、ようやくそれが叶った瞬間だった。

はじめてのひとり旅

二〇歳の時、写真を専攻する短大を卒業し広告写真家の助手になった。広告写真の撮影は大半が薄暗いスタジオで行われた。仕事を終え、スタジオを出る頃には日が暮れており、太陽の光を見るのは朝の通勤時と昼食に出かける時ぐらい。太陽の下で写真が撮りたいと思っていたので、スタジオでの仕事は精神的に辛いものがあった。僕は広告写真家の助手を一年で辞して、時刻表の表紙などを撮る、鉄道写真家の事務所でアシスタントの仕事に就いた。ここでようやく「太陽の下で写真を撮る」ことができた。

そんなある日、夜遅くに帰宅して何気なくテレビのスイッチを入れると、画面に大平原を空撮した映像が映し出された。空撮のカメラは草原に広がる緑のなか、真っ直ぐ敷かれた線路を走る列車を追いかけていた。番組はテレビ朝日の『世界の車窓から』で、モンゴル鉄道の放送回だった。画面越しの壮大な風景に心打たれた。

「世界には、まだ見ぬ風景が広がっている！」。全てを捨ててでも、今すぐに旅立ちたくなっていた。「フリーランスになる」という気持ちが自分のなかで固まっていった。自分の夢を叶えるには自分の手で切り開くしかないと思い、二四歳で約三年間お世話になった事務所から独立した。はじめてタイへ向かったのは独立して一年半後だった。

最初の旅以降、会社勤めのSさんの休暇に合わせて頻繁にタイへ通った。期間は長くて一週間程度、三泊四日の短い旅もあった。

何度かタイ訪問を重ねるうちに、もっと長く旅をしてみたくなり、一九九六年の春には三〇日間の旅を画策した。それまでは友人と一緒だったが、この旅は全行程が一人旅。予定も行動もすべて自分で決める、気ままといえば気ままだが、もし万が一の場合には自分だけが頼りという緊張感もあった。

その旅の途中、普通列車だけを乗り継いでマレー半島を南下しようと思った。

バンコクを出て九日が過ぎていた。その日乗車したのはタイ湾沿いのチュンポンという町から、サムイ島の玄関口となっているスラー・ターニーへ向かう普通列車だった。沿線に濃密な緑の木々が茂るなか、列車はほどほどの速度で快調に走った。

乗っているのは、のんびりと全駅にストップする各駅停車。

車内は古びた木製ベンチが並ぶだけ。

エアコンがなく窓は全開。

そんなありきたりの列車で、風に吹かれ、遠ざかる風景を眺めているだけなのだが、ふと今まで得たこともないような、大きな充足感に包まれていることに気がついた。

列車の窓から吹き込んでくる風を頬に感じ、レールをたどる客車の揺れに身を委ねているだけなのに、なぜ、心がこんなに満ち足りてくるのだろうか？

特に絶景が続いている訳ではない、決して美味しい駅弁を食べているのでもない。まして特別な列車に乗っているのでもないけれど、最高に満ち足りた気持ちになっていたのだ。

緩やかな時間が流れ、人々が笑顔を向けてくれるタイを旅するなかで、自由を得た開放感が自分のなかでゆっくりと手足を伸ばすように広がっていったのだろう。これこそが、今まで漠然としながらも強く求めていた、自分にとっての「旅――ひとたび」だったのかも知れない。

そう思った時、熱い感情が胸に沸き上がってきた。

食堂車のある風景

上海〜成都〈中国〉*From Shanghai to Chengdu, China 2005*

上海発成都行きの列車に乗ったのは二〇〇五年二月のこと。成都までの行程は約二六〇〇キロ。乗車した普快1211・1222列車は上海駅を午後一時に出発。終点の成都へは二日後の午前六時の到着予定で、車中二泊となる。長旅に欠かせないのが車内で温かい料理が食べられる「食堂車」の存在だ。やがて夕方になり、食堂車の営業案内をする車内放送が流れてきた。抑揚ある発音の中国語のなかで「マーボートーフ、チンジャオロゥスゥー」など、日本でもお馴染みの料理名が聞こえてくればお腹も空いてくる。

頃合いをみて食堂車へ出向くと、厨房にオレンジの火柱が見えた。料理人が額に汗しながら中華鍋を振っていることだろう。コンロの燃料には石炭が用いられていると聞く。この成都行きの列車には、成都のコックたちが乗り込んでいるようだ。菜単と記されたメニューを開けば、そこには「四川」の文字が並んでいた。

一人旅なら定食メニューや簡単な麺料理を食べるのだが、この旅では一〇歳年下のYくんが同行していた。せっかくなので単品料理をいくつか注文しようと、とりあえず「麻婆豆腐」の文字を紙に書き写した。それを従業員に見せれば簡単に注文が完了した。何も難しいことはないが、メニューの字面だけで判断して大変なことになった。

メニューを眺めていたYくんが「水煮牛肉」なる料理を指さし「これ美味そうじゃないですか！」と言った。せっかくなので、同様に紙に書いて追加注文した。彼は牛肉を甘辛く煮込んだような、醤油味の料理を想像したようだ。

しかし、運ばれてきたのは、唐辛子のタップリ入った激辛スープの料理。何しろ厨房に立つのは四川の料理人、食堂車だけは一足先に四川料理の本場へ到着したかのようだ。辛いものが苦手なYくんは、料理を選んだ責任上、涙目になりながらその真っ赤な料理と格闘をするハメになった。スープを一口運んでは涙目になりながら「ヒィー！」と悲鳴をあげた。

ゆく列車、くる列車

食堂車の利用方法も、個人旅行とは別に、通訳付きのグループ旅行などの場合は話が少し違ってくる。以前参加したグループ旅行の時は、事前に注文されていた料理が「これでもか！」といわんばかりに、次々とテーブルに運ばれてきて驚いた。

野菜炒め、肉料理、淡水魚の唐揚げに餡をかけたものなどなど。ビールを飲みながら、揺れる車内で楽しい食事の一時を過ごしていたが、のんびりし過ぎて大変なことになった。すでに一杯になったテーブルへ、次の料理が運ばれて来てしまったのだ。

もはやテーブル上に皿を置くスペースは見当たらない。どうするのか見ていると、テーブル一杯に並んだ皿と皿の間の上に「ハイッ！」という感じで新たな皿が積み上げられた。我々のテーブルの上には料理皿の二層構造が出来上がっていった。

そんな中国の食堂車を体感していると、思いやられるのは日本の食堂車のこと。かつて日本でも、新幹線や在来線の特急列車にも食堂車が連結された時代があった。ハンバーグやカレーライスなどの庶民的なメニューの他、各地の名物料理などもあり旅情豊かだったという。

一九八〇年代以降、日本の食堂車は次々と削減され、日本で食堂車が体験できるのは、高額な観光列車やクルーズトレインのみとなってしまった。

高速鉄道網が急速に伸びつつある中国でも、食堂車は減りつつある。やがて食堂車は過去のものとなってゆくのだろうか。

乗車する普快1211・1222列車はいつしか山間部へ入っており、右に左に車体を大きく揺らしている。列車の揺れに合わせてテーブルの上で皿やグラスがカタカタ鳴った。

車窓に目をやると、せり上がるように連なった山々にたなびく霞が斜光に照らされて、幽玄な風景を見せていた。

「そろそろ『あさかぜ』の発車時間ですね」と、Yくんがポツリと言った。日付は二〇〇五年二月二八日。日本ではブルートレインと呼ばれる寝台特急「さくら」と「あさかぜ」がラストランを迎える日だった。

別れを惜しむ大勢の人々に見送られながら、「あさかぜ」が東京駅を発車するシーンを思い浮かべていた。

日本で消えゆく長距離列車がある一方で、中国ではこうして食堂車を営業する日常風景がある。そんな別々の方向へ走る列車が同じ瞬間、同じ地球の上を走っていることを想像すると不思議な感覚に包まれた。

食事を終えてゆっくりしていると、一組の家族が食堂車にやって来た。小さな男の子に父母、祖父母の五人でテーブルを囲む姿は、家庭での食卓風景がそのまま再現されていた。

「よく噛んで食べなさい」

父親は、我が子にそんなことを言っているのだろうか。その様子は微笑ましく、いつまでも見ていたい光景だった。

終着駅のコーヒー

九切里〈韓国〉 *Gujeol-ri, Korea 2001*

初めて韓国に行った二〇〇一年冬、時刻表を見ていたら日に四往復だけ運転のローカル線が存在することを発見した。韓国にも〝鉄路の辺境〟とも呼べるようなローカル線があることに、なぜか妙に嬉しくなった。路線名は「旌善線《チョンソン》」とある。

僕はさっそくチョンソン線を訪ねることにした。

チョンソン線が走るのは韓国東北部、江原道《カンウォンド》の山間部にある。東海岸にある広陵《カンヌン》に立ち寄った後、チョンソン線の列車に乗る目的で、分岐駅となる甑山《チュンサン》（現在はミンドンサンと改称）を目指した。チョンソン線はヨンドン線の甑山から九切里《クジョルリ》までの四六キロを結んでいた。

甑山駅で下車すると、山あいに建つ駅舎は、支線を分岐するにしてはやや規模が小さな佇まいだった。一二月の山間部は凍り付くような寒さかと思いきや、お昼も近いせいか寒さが和らぎ、太陽の光が気持ちよく感じられた。

ちょうど休憩時間なのか、鉄道員らしき男たちが駅の駐車場で籐球《とうきゅう》に興じていた。籐球は籐で編んだボールを足で蹴る球技で「セパタクロー」とも呼ばれ、タイやミャンマーなどの街角で若者が興じているのをよく見かけた。

東南アジアで盛んなイメージはあるが、寒気の漂う韓国の山中でセパタクローを見るとは思わなかった。ボールを蹴る乾いた音が、パシッ！と、閑散とした駅構内に響いた。

駅舎内の窓口で、チョンソン線の終点、九切里までの切符を買おうと問いかけたところ、若い女性駅員は「車内で売るので、車内で買ってください」と説明してくれた。せっかくなので「この駅で降りた記念に」と、入場券を買い求めると「入場券は要りませんから、そのまま列車にどうぞ」とのこと。不要な入場券を記念に買い求める〝鉄道ファン〟的な行為は理解されないようだ。

それでも「記念…メモリー…」など、ブツブツ言っていると意を汲んでくれたようで、ゴツゴツとした手触りの硬券が差し出された。料金は三〇〇ウォン（約三〇円）だった。

やがてホームに入ってきた列車は、客車一両に電源車が一両の二両編成。これをディーゼル機関車が牽引する。その姿から付いた愛称は、「韓国版トイ・トレイン」。しかしそんな洒落た名前より、僕は「韓国版の日中線《にっちゅう》」と呼びたくなった。

福島県にかつて日中線というローカル線があった。会津地方の喜多方《きたかた》から北上し、温泉町の熱塩《あつしお》まで結んでいた。本数は一日三往復。朝と夕方しか運転されず「日中に列車が走らないのに日中線とはこれいかに」と揶揄されたものだ（日中線は一九八三年廃止）。

冬空の下で

「何処から来たの？」走り出した列車の車内で声を掛けられた。見れば僕と同じくらい、三〇代の男性が笑顔で立っていた。

わずか三往復しか走らないローカル線に好んでやって来たのだから、鉄道が好きなのだろうか？　そう思いながら名刺を受け取ると、慶州《キョンジュ》にある美術館に勤務しているのだと話してくれた。その頃はハングルが読めなかったが、英文字で〝Lee Doo Hee〟とあるので、李《イ》さんなのだと分かった。

李さんは鉄道そのものよりも、途中の小駅に建つ古びたスタイルの駅舎や、凍り付いた渓谷の風景に関心がある様子だった。

チョンソン線は切り立った岩場の続く、ゴビョン渓谷を縫うように走った。「紅葉シーズンにはさぞかし美しいだろうな」と想像できるが、所々で石清水が凍り付き、岩から氷柱が下がった冬場の風景も、それはそれで趣深い。

ゴビョン渓谷を走り抜け、トンネルで山を越えると、沿線の中心駅であるチョンソンに到着した。韓国を代表する民謡「アリラン」発祥の地であることから「アリランの里」としても知られている。乗客のほとんどはここで下車してしまい、車内に残ったのは物珍しさを求めてやって来た〝一見さん〟だけになった。

チョンソンから先は、ソウルの中心を流れる漢江《ハンガン》の上流に沿って走り、韓国では「ソウル」とならび駅名に漢字の併記がない「아우라지《アウラジ》」（現在はこのアウラジが終着駅）を経て、列車は終点の九切里に到着した。

九切里駅の構内は思いのほか広かった。幾本ものレールが敷かれていたヤード跡など、ガランとした空き地が寒々しい風景を見せている。この駅は、かつて石炭の積み出しに使われていたという。炭坑が閉じた今では、見捨てられたように野晒しになっているが、それは如何にも鄙びた終着駅の風景らしく写真的に絵になる。

통일호
증산 구절리
甑山 Jeungsan
九切里 Gujeol-ri

列車がチュンサンへ折り返すまで少し時間があるので、列車の折り返し準備に勤しむ鉄道員や、列車が佇む風景にレンズを向けて幾枚かシャッターを切った。

ふと、先ほどの李さんが両手に紙コップを持って歩いているのが視界に入った。中身がこぼれないように、慎重に歩きながら何か探しているようだった……。そんな様子を眺めていると、目が合った。彼はホーム上に僕を発見すると「おっ、居た」という表情をした。探していたのは、他でもない僕だったようだ。

李さんは僕の傍に来ると、手にした紙コップの一つを差し出した。受け取ると、その中身は熱いコーヒーだった。

韓国映画で、男が紙コップ入りのコーヒーを自動販売機で買って美味そうに飲むシーンが度々登場する。あの時は何とも思わなかったが、まるで「ロード・ムービーのワンシーンのようではないか」と今になって思う。

寂れた終着駅の寒々とした色彩、夕暮れ空の下、差し出された熱いコーヒー……。少し彩度の落としたフィルムで撮ったそのシーンを、古風な映写機で投影したら味わい深い映像になったに違いない。

決して〝映画監督〟を気取るつもりはないが、韓国映画お約束のシチュエーションが、そんな他愛もないことを思わせるのだろう。

僕はもう少し終着駅の雰囲気を撮影したかったたが、受け取ったコーヒーで手が塞がって身動きが取れない。

僕らは夕暮れの空を背にして、一緒に熱く甘いミルクコーヒーをすすった。

月を追いかける

小浜線〈日本〉*Obama-line, Japan 1995*

三月も下旬になれば、日没時間が日増しに遅くなるのを実感する。旅行雑誌の取材で、福井県の若狭湾に沿って走る小浜線に乗ったのは、そんな早春の季節だった。

小浜発、敦賀行きの列車はブレーキをかけ、小さな駅に停車した。同じ車両に乗り込んできたのは、母親と三歳くらいの男の子だった。二人は僕が座る四人掛けのボックス席に座った。

この時代の小浜線は電化されておらず、列車は二両編成のディーゼルカーだった。エンジンを唸らせて駅を離れると、夕暮れの空に冴え冴えとした月が浮かんでいるのが見えた。

月の光は思いのほか明るく車窓風景を照らした。ガラス窓は車内の様子を明るく反射してしまうが、それでも外の風景が肉眼で見られるほどの明るさがあった。

薄暮のなかで、線路の近くにある建物や遠くに佇む山々が、距離に応じたそれぞれの速さで動いて見える。

けれど、空に浮かぶ月だけは、天空の一点に張り付いたまま。

列車の窓から眺めると、まるで「月」が列車を追いかけて来るような錯覚にとらわれる。

「ねぇ、どうして月はボクのことを追いかけて来るの？」

向かいの席で、僕と同じように月を見ていた男の子が、不意に母親に訪ねた。

僕はまるで小さな男の子に、心の奥を見透かされたような気がして、心臓がドキリと鳴った。と同時に、素朴な疑問に何と答えればいいのだろうか？と考えていた。

すると、男の子の横に座る母親が優しく話し始めた。

「そうね、だけど、お月さまも〝あの電車はどうして僕のこと追いかけてくるのかなぁ？〟って、不思議に思っているかもね……」

男の子は「ふーん」と言って、再び月を眺めていたが、その母親の答えを聞いて、僕の心は大きく震えた。

窓の外、天空に浮かぶ明るい月は、相変わらず僕らの列車を追いかけていた。

出口

さいどうしょ
SAIDOSHO

郷村人情味

東里〈台湾〉 *Tung-li, Taiwan 2000-2007*

二〇〇〇年七月初めて台湾を旅した。台湾には椰子の実のような形の島の外周をなぞるように、鉄道がぐるりと敷かれている。最初の旅では台北を起点に、時計回りに一周するコースをとった。

台北を発って二日目、東海岸の中部に位置する花蓮《ホアリエン》から南下し台東《タイトン》へ向かった。花蓮から台東までの路線は、花蓮の「花」と台東の「東」を組み合わせて、「花東線《ホアトン》」と呼ばれている。正式名称は「台東線」だが、「花東線」の方が文字に表情があって好ましい。

花東線はほとんどの区間が単線だった。列車は幾分速度を落とし、緑豊かな風景のなかを走った。やがて北回帰線を越え、玉里《ユーリー》という名の駅を過ぎた頃から、車窓に映る風景は穏やかで、どこか懐かしいものに変わってきた。

連なる山々を背景に田んぼが一面に広がり、青々とした稲がまっすぐに天を指している。風が吹くと稲の葉が揺れて波を描く。日本の東北地方にも似た風景が車窓を過ぎて行った。

そんな田園地帯に佇む、或る小駅に停車した時、その佇まいにたまらなく惹かれた。その理由は、いかにも台湾らしい小さな〝あずま屋〟が駅の庭にあったこと。その駅の名を東里《トンリ》といった。

その日は台東まで行って投宿したが、どうしても訪ねてみたくなり、翌朝、花蓮方面へ戻る列車に乗り東里を目指した。

台東から各駅停車で約二時間、東里に到着した。

列車を降りて改札を抜けるとき、一人の駅員に呼び止められた。言葉が喋れないので、日本から写真を撮りに来た旨を紙に書いて伝えると、駅事務室へ入るように手招きされた。何しろ外国人など訪ねて来ることがないような小さなローカル駅。写真を撮りに来たと伝えたつもりだったが「なぜこの駅に来たのか？」と、事務室のなかで再び質問された。「面倒なことにならなければ良いが」と不安が過ぎったが、それは杞憂だった。東里駅の駅員は、遠く日本から訪ねて来た僕を歓迎してくれたのだ。

檳榔《びんろう》の刺激

僕を駅事務室に招いてくれたのは運務士という役職の藩誠修さん。事務室には、副駅長の藩清湘さんともう一人の運務士の計三人が勤務していた。

台湾の人とは筆談が一番のコミュニケーション・ツールだ。僕が書いた、適当に漢字を並べただけの文字の羅列を、台湾の人々は熱心に読み解いてくれるのだ。同様に、彼らの書いた漢字により、僕も言いたいことが何となく想像できた。とりわけ藩誠修さんは、僕の書いた文字を根気よく理解しようとしてくれ、筆談にいつまでも付き合ってくれた。

そうこうしているうちにお昼の時間になった。藩さんは「飯？　麺？」と紙に書いて問いかけて来た。近所の食堂から出前をとるようだ。僕は「麺」にマルを付けた。しばらくして、事務室のテーブルには牛肉麺の丼が並んでいた。

佇まいに惹かれたとはいえ、ほとんど思いつきで訪れた東里駅の駅員達と、昼食を共にすることになるとは思いもしなかった。

昼食後には「檳榔」を貰った。檳榔は檳榔樹の実と石灰を葉に包んだものを噛むことから「噛みタバコ」とも呼ばれる嗜好品だ。口に入れて噛むと唾液が湧いてくる。教えられるままに、最初の唾液を吐き出すと吐血したように真っ赤で驚いた。煙草を嗜まない僕にとって、初めての檳榔は刺激が強く、次第にクラクラしてきた。

檳榔によって頭の片隅が痺れ、意識が少し遠のくのを覚えながら「まだほとんど写真を撮っていない」という重要な事実に気がついた。駅の構内にある、赤い屋根の小さな「あずま屋」のある風景を筆頭に、撮りたい物が沢山あったのだ。

例えば、この駅で使用される「腕木式信号機」や「タブレット」も魅力的な被写体だ。その機能を一言で説明するのが難しいが、古風なスタイルであることは一見して分かる。そして何より、これらを扱うには駅員の存在が欠かせない。東里駅のように小さな駅が無人駅にならず、駅員が働いているのは、これら手動の信号装置が現役で活躍しているからだ。

朦朧としながらも、時計と時刻表を確認すると「次の列車が、腕木式信号機と列車を一緒に撮影できる、最後のチャンスではないか」と気がつき、カメラを掴んで炎天下に飛び出していた。

腕木式信号機をフレームに入れて撮るには、駅舎からかなり離れた駅構内のはずれまで行かなければならない。目的の場所へ向かって走ると、檳榔の刺激に加え、強烈な太陽光線を脳天から浴びてめまいがした。やがて撮影場所に到着するやいなや、轟音を立てて列車がやって来た。目の前を走ってゆく莒光号の姿は幻覚のようにも見えた。

撮影を終えて駅に戻ると、藩さんが熱いお茶を用意してくれた。至れり尽くせりの歓待を受け「我很高興《とてもうれしい》」と書いてお礼を伝えたところ、「好朋友《親友》」、「郷村《田舎の》人情味《人間味》」と書いて返してくれた。

東里駅との関係が後々まで続くとは、この時は思いもしなかった。

米どころの「先人」

東里駅がある花東線は、南下すればするほど長閑さが漂ってくる。また、お米が美味しい地域として知られる。かつては明治天皇にも愛されたと伝わる、東里の「御皇米」をはじめ、東里から三つ目の富里や、その隣駅で売られる「池上弁当」で有名な池上などは、台湾でも有名なブランド米の産地なのだ。

米どころの風景が、世界の何処でも似通ってくる訳ではないだろうが、花東線でも特に玉里から南に展開する田園風景は、僕の生まれ育った奥羽本線の山形から新庄にかけての沿線景色に良く似ていた。花東線の風景に感じたものは、故郷の山形に対する懐かしさや親しみと同類のものだったのかも知れない。

山形を走る奥羽本線と花東線の沿線。この二つの風景が似ているのは地形的にも証明できる。奥羽山脈と朝日連峰に挟まれた細長い山形盆地の地形は、台湾の背骨にあたる中央山脈と太平洋岸に連なる海岸山脈に挟まれた「花東縦谷」に、そのまま置き換える

95

ことができる。

ここ台湾で僕は故郷の匂いがする風景と出会ってしまったのだ。初めての台湾から帰国した後も、花東線の車窓から見た青々とした田んぼが広がる風景や、東里駅の事務室で、藩さんたちに歓迎された時の光景が瞼《まぶた》に浮かんできた。それほど、台湾で訪ねた他の土地よりも強く印象に残っていた。

そんな東里を再訪したのは、最初の訪問から三年後。東里駅では二〇〇〇年の時と同じように藩さんが迎えてくれた。

この日は明け番となった藩さんと、同僚の楊徳彬さんが、駅の周辺を案内してくれることになった。楊さんがクルマを出してくれた。

最初に向かったのは、東里の小学校で教師をしていたという、邱顯榮さんのお宅だった。ご年配の邱さんは日本語を達者に話すことができた。様々な話のなかで、かつて日本が台湾を支配した時代、東里の小学校で教鞭をとった日本人教師の話題になった。「日本植民地時代、山本良一という先生がいました」と邱さんが教えてくれた。

山本良一さんは、現在の東里国民小学校の前身である「大庄公学校」に赴任した。約三年間を東里の地で過ごし教師を務めたが、日本に帰国してからも、東里での生活をたいへん懐かしがったという。

戦後になって、山本さんは何度も東里の地を訪れ、その度に顕微鏡、プロジェクター、コンピューター、天体望遠鏡などを私費で購入し東里国民小学校に贈った。教育支援を行うことで、東里と関わり続けてきた。

僕が東里駅で人々に快く迎えられた理由のひとつには、そんな先人と東里の人々の交流があったからだろうと思った。

新線と新駅の計画

邱さんの家を出て、四人で田んぼの良く見える場所へ行った。クルマを停めて風景を眺めていると、田んぼの真ん中に高規格道路と思しき路盤の建設が始まっていた。後で藩さんに聞けば、それは道路ではなく、新しい花東線の線路なのだという。現在使っている線路に代わり、高架の新線を建設する予定とのこと。三年前にはなかったものだ。玉里から東里までの線路は、大きく東に迂回して敷かれている。直線的に結ぶ新線を建設し、切り替えることで運転時間の短縮を図るというのだ。台湾ではこのような線路の短縮工事が多くの場所で行われている。

新線に切り替わると、東里駅は高架上の新駅舎に移り、今ある東里駅は廃止となってしまうというのだ。一目惚れしてこうして再訪までした東里駅が、近い将来無くなると聞き、複雑な気持ちになった。

その後も何度か東里駅を訪ねた。その度に、藩さん、楊さんが快く迎えてくれた。藩さんの同僚である楊さんは、隣町の玉里からクルマで通勤していた。

玉里にある楊さんの家では「臭豆腐」の店を営んでいる。「臭豆腐」とは豆腐を発酵液に漬けて表面を発酵させたもの。これを油で揚げて、添え物の漬け物と、甘辛い味付けの豆板醤ソースを乗せて食べる。

強烈な匂いがするので台湾人にも苦手な人が居るというが、揚げることで匂いは弱まり独特な風味が味わえる。僕は何の抵抗もなく美味しいと思った。玉里へ行くと、楊さんの家の臭豆腐を食べるのが楽しみに加わっていた。

楊さんは働き者で、駅でも実家の店頭でも絶えず身体を動かし、何かしらの作業をしていた。身体を壊さないか心配になるくらいの働きぶりだ。

ある日、クルマのなかで楊さんが笑いながら言った。

「ワン・イヤー・ワン・タイム！」

その言葉を聞いてそれほど何度も通っているのだと思い知った。しかし、ここへ来るといつも親切にしてもらうだけで、僕が彼らの役に立つことをしているとは思えない。「恐縮」という言葉があるが、まさにその言葉の意味するままを感じ始めていた。そして、そんな「恐縮」が積み重なる度に、駅の北側では新線の工事が着々と進んでいた。

鉄路に刻まれる歴史

二〇〇七年三月いっぱいで新線が完成し、路線の切り替えが行われるという情報を得た。東里駅の最後を見届けようと、日本から友人と二人で東里駅を訪ねることにした。

二〇〇七年三月三〇日。東里駅に着くと、藩さんと楊さんが軽トラックに荷物を積み込む作業をしていた。この日限りで、これまでの東里駅は営業を終えて新線の新駅に移る。

駅はすでに改札口が撤去され、事務室の荷物が運び出されていた。思い出の部屋が、ガランとした何もないコンクリートの空間になっていた。

引っ越し作業が一段落すると、藩さんの仕事が「明け」になった。どこでどう話が進んだのか不明だが、いつの間にか「カラオケに行こう」という話になっていた。

カラオケといってもここは台湾の片田舎、立派なカラオケボックスがある訳ではない。簡素な雑貨屋風の商店にカラオケの機材が一台置いてあるだけ。歌声は外に漏れまくりだ。

乾杯！の発声でカラオケ大会の口火が切られた。ビールや「米酒」と呼ばれるアルコール五〇度にもなる台湾焼酎も入り、藩さんの友人も集まってきて店内は酒宴の様相になった。ワケのわからない踊りも踊って大騒ぎ、僕と友人もかなり酔っ払ってしまった。「東里駅最後の日の様子を見届けよう」。そう思ってやって来たのだが、こんなにハチャメチャな事態になるとは。

そんな大騒ぎのなかで、藩さんがマイクを握った。

藩さんが歌ったのはビートルズの「レット・イット・ビー」だった。

「あるがまま、そのままで……」

台湾と僕を固く結びつけてくれた東里駅が、今夜失われるのを目前に、藩さんがこの曲を選んだのは意図したものだろうか？

もしかしたら、カラオケに誘ってくれたのは、藩さんの優しい気遣いだったのかも知れない……などと、つい深読みしてしまう。

藩さんは木訥ながら頭の回転が速く、またお洒落な人だ。これまでも何度か気の利いた冗談で笑わせてくれた。

以前、小学校教師をしていた邱さんの家を訪ねた時、二歳くらいになる孫が、僕たちの前で立ったままオシッコを漏らしてしまった。

その時、藩さんがボソリと言った
「メイク・ウォーター！」

気の効いた一言に、オシッコ漏れの非常事態が一気に和らいだ。僕は笑いが止まらなかった。そんな一場面を思い出した。

カラオケ大会は楽しい場であったが、駅の様子も気になってきた。僕と友人は会場を抜け出し、酒に酔ったままフラフラとした足取りで東里駅へと向かった。

東里駅は刻一刻と最後の時を迎えようとしていた。

駅長の謝珍談さんが、駅事務室内に置かれた信号操作盤に目を光らせている。謝駅長は僕等を事務室に招いてくれた。酔っぱらっているのが本当に申し訳ない。

旧路線の最終日、線路の切換で信号設備も切り替えられる。このため、電気的な信号装置が一時的に使えなくなる。謝駅長の見ていた操作盤も使用停止になり、最後は「通票閉塞」と呼ばれる手動の信号システムに切り替えられた。初めて東里を訪れた時にも使用されていた「タブレット」だ。それが最後に復活するというので、胸に迫るものがあった。

間もなく列車が駅に入線し、謝駅長の掲げたタブレットに列車のヘッドライトが反射した。ダイヤモンドリングを思わせるその輝きは、東里駅へ手向けられた最後の贈り物のようだった。

最終列車のテールライトが去ると、線路の切り替え地点で火花が飛んでいた。レールを切断していたのである。赤いあずま屋のある素敵な佇まいの駅に、二度と列車が来ないと思うと、息苦しいほどの寂しさを感じながら宿へ戻った。

翌朝、移転の済んだ新駅を訪れると、小さな祝賀会が開かれていた。藩さん、楊さん、謝さんと、駅員たちの顔ぶれがそのままで安心した。さらに鉄路局を退職したＯＢたちも参加していた。

爆竹を鳴らして、新駅開業を賑やかに祝う駅員たちの笑顔を見て、東里駅の新たな歴史が刻まれてゆくのだと思った。

昨夜感じた寂しさは吹き飛んでいた。

ガジュマルの下で

タイ国鉄のバンコク駅から、常宿にしていたヤワラー地区（チャイナタウン）のホテルに行く途中、近道になるので、毎回ワット・トライミットという名の大きな寺院の境内を横切っていた。

境内には大きなガジュマルの木が茂っており、根元に小さな祠があった。信奉厚いタイ人が熱心に祈りを捧げる横で、僕も一緒に手を合わせた。何かをお願いするというよりは、タイという土地を無事に旅させて貰っていることへの感謝を念じた。また、同じ木の下で一緒に手を合わせることで、この国の人々の気持ちに近づけるような気がした。

「袖触り合うも多生の縁」ということわざがある。

二三年間、年に二〜三度のアジア各国を訪ねる旅のなかで、多くの人々と袖触り合ってきた。国と国との関係が利害ばかりで語られる昨今だが、個々の人間においては、平穏で幸せな暮らしを望んでいるだけなのだと思った。国民性も確かにあるだろうが、どの国の人々も基本的な人間性にさほど違いなく、人間同士の国境線は限りなく薄いというのがこの旅で感じたこと。それは僕にとって大きな収穫だった。

教えてくれたのは、街中のガジュマルであり、屋台であり、鉄道であり、そして何と言っても出会った人々だった。僕は鉄道で旅しながら、人を旅してきたのだと今思う。

この旅で撮影してきた写真が、一四年前に富士フォトサロン新人賞を貰った。審査員はアラーキーこと荒木経惟さん。応募した時は「アジア鉄道の乗客たち」というシンプルなタイトルだったが、「これはラブだよ！」という荒木さんの強いひと言で、「アジアン・トレイン・ラブ」というタイトルに変更された。

四年前に刊行した写真集「I LOVE TRAIN―アジア・レイル・ライフ―」（ころから）のタイトル中の「ラブ」は、実は荒木さんに貰ったものだった。

「ヨーロッパの列車に乗る」と他人に話すと、とても羨ましがられるいっぽう、「アジアの鉄道を訪ねる」と話せば「何を目的に？」や「ご苦労様」と言われてきた。そんななかで、僕の拙い旅の話を一冊の本にしてくれたパブリッシャーの木瀬貴吉さん、デザイナーの安藤順さんには感謝の他ない。

出会うべくして出会った多くの人々、旅させてくれた、それぞれの土地や各国の鉄道に再びお礼の気持ちを抱きながら、ひとまず筆を置きたいと思う。

また次の旅を心に描きながら。

写真クレジット

カバー	レゥイ／ミャンマー	2016
表紙 表1	ニルギリ山岳鉄道／タミル・ナドゥ州／インド	2009
表紙 表4	チチャレンカ／西ジャワ州／インドネシア	2010
p4-5 目次	芭石鉄路／四川省／中国	2004
p6-7 目次	バゴー／バゴー県／ミャンマー	2001
p11	芭石鉄路／四川省／中国	2004
p14	芭石鉄路／四川省／中国	2004
p17	芭石鉄路／四川省／中国	2004
p21	芭石鉄路／四川省／中国	2004
p25	マンダレー／マンダレー県／ミャンマー	2001
p28-29	安東／慶尚北道／韓国	2001
p40-41	チョイル／ゴビンスンベル県／モンゴル	2014
p46	太白／江原道／韓国	2001
p50-51	チチャレンカ／西ジャワ州／インドネシア	2010
p58-59	プルサト／カンボジア	2000
p61	プルサト／カンボジア	2000
p63	カンボジア鉄道北線／カンボジア	2000
p66-67	カンボジア鉄道北線／カンボジア	2000
p71	ヤンゴン／ミャンマー	2001
p75	チェンナイ／タミル・ナドゥ州／インド	2009
p79	ダージリン／西ベンガル州／インド	2009
p82-83	ダッカ／バングラデシュ	2013
p84-85	ダッカ／バングラデシュ	2013
p91	ダッカ／バングラデシュ	2013
p92上	バッタンバン／カンボジア	2000
p92下	マンダレー／ミャンマー	2016
p93上	メイミョー／シャン州／ミャンマー	2016
p93下	ニルギリ山岳鉄道／タミル・ナドゥ州／インド	2009
p94上	バンドン／西ジャワ州／インドネシア	2010
p94下	ニルギリ山岳鉄道／タミル・ナドゥ州／インド	2009
p95上	昆河線／雲南省／中国	2004
p95下	サラブリー／サラブリー県／タイ	2015
p96	バンドン／西ジャワ州／インドネシア	2010
p100	ニルギリ山岳鉄道／タミル・ナドゥ州／インド	2009
p103	ニルギリ山岳鉄道／タミル・ナドゥ州／インド	2009
p108	ニルギリ山岳鉄道／タミル・ナドゥ州／インド	2009
p111	タムクラセー橋梁／カンチャナブリー県／タイ	2015
p114	タムクラセー／カンチャナブリー県／タイ	2015

p116-117	ホンホル／ウランバートル／モンゴル	2014
p119	ホンホル／ウランバートル／モンゴル	2014
p121	グマス／ヌグリ・スンビラン州／マレーシア	1999
p126	東海岸線／ヌグリ・スンビラン州／マレーシア	1999
p130	東海岸線／クランタン州／マレーシア	1999
p132-133	チクバン鉄橋／西ジャワ州／インドネシア	2010
p135	ササクサート／西ジャワ州／インドネシア	2010
p137	キアラチョンドン／西ジャワ州／インドネシア	2010
p144	イェンバイ／イェンバイ省／ベトナム	2006
p145	キアラチョンドン／西ジャワ州／インドネシア	2010
p146-147	昆河線／雲南省／中国	2004
p148-149	芭石鉄路／四川省／中国	2005
p150上	チュンポン／スラターニ県／タイ	1996
p150下	メイミョウー／シャン州／ミャンマー	2016
p153	アユタヤー／アユタヤー県／タイ	2015
p157	ドンムアン／バンコク／タイ	1994
p161	鄭州／河南省／中国	2005
p164	宝鶏／陝西省／中国	2005
p168	旌善／江原道／韓国	2001
p172-173	採銅所／福岡県／日本	2014
p178-179	東里／花蓮県／台湾	2005
p181	東里／花蓮県／台湾	2006
p187	東里／花蓮県／台湾	2007
奥付	ダッカ／バングラデシュ	2013

初出一覧

国際列車の人間模様	鉄道ファン［交友社］	2015年6月号
大草原の鉄みち		
家族列車	モノ・マガジン［ワールドフォトプレス］	2005年6月2日号
イステマ―祈り	鉄道写真バイブル［玄光社］	2015年1月
熱帯雨林のオンボロ客車	旅と鉄道［鉄道ジャーナル社］	1999年秋号
峠越えに乾杯	旅と鉄道［鉄道ジャーナル社］	2006年秋号
食堂車のある風景	ノスタルジック・トレイン［芸文社］	No.2（2009年6月発行）

※上記以外は書き下ろしです

ひとたび　てつたび

アジア・レイル・ライフ２

２０１７年６月10日初版発行

定価１６００円＋税

著者　米屋こうじ

パブリッシャー　木瀬貴吉

装　丁　安藤順

発行　ころから

〒115-0045
東京都北区赤羽1-19-7-603
TEL 03-5939-7950
FAX 03-5939-7951
MAIL office@korocolor.com
HP http://korocolor.com

ISBN 978-4-907239-21-3
C0026

米屋こうじ　よねや・こうじ

1968年山形県生まれ。東京工芸大学短期大学部卒業。写真家・安達洋次郎氏、真島満秀氏の助手を経て、1993年よりフリーランスの鉄道写真家に。1994年からアジア各国の鉄道を訪ねる旅に出かける。著書に『I LOVE TRAIN　アジア・レイル・ライフ』（ころから）、『鉄道一族三代記』（交通新聞社新書）など。公益社団法人 日本写真家協会(JPS) 会員。